20세기 대표 문호
레오 톨스토이가 극찬한 불경

인류가 꿈꾸는 이상향은 인류가 지금 하기 나름

원제 KARMA&NIRVANA

업과 이상향경

몽산(夢山) 관일(觀一) 중역

누구든지
나쁜 생각 안하고
나쁜 기억 안하고
나쁜 마음 안 먹고
나쁜 행동 안하면
불행은 저절로 사라진다.

누구든지
좋은 생각만하고
좋은 기억만하고
좋은 마음만 먹고
좋은 행동만하면
행복은 저절로 달려온다.

자신이 자신을
깨끗이 하라 하심이
한량없는 모든 부처님의
공통된 가르침이다.

서 문

이 이야기는 매우 소박하면서도 심오한 교훈을 담고 있어, 마음속 깊이 감동을 받지 않을 수 없다. 자기 스스로가 노력해야만 나쁜 생각을 물리치고, 나쁜 기억을 안 하고, 나쁜 마음을 안 먹고, 나쁜 행동을 안 한다.

나쁜 행동을 안 해야 행복을 이룰 수 있다는 보편적인 진리가 요즘 사람들의 마음이 많이 삐뚤어져 있지만, 이 글 속에서는 아주 뚜렷하게 나타나 있다. 개인만의 행복은 진정한 구원(救援:행복)이 되지 못하며, 전체 인류가 행복하게 될 때, 비로소 진정한 구원이 이룩된다는 사실이 이 글 속에서는 아주 오묘하면서도 속속들이 뚜렷하게 표현되어 있다.

그러한 예로 지옥에 간 산적이 자기 자신만의 구원을 위하여 혼자만 지옥에서 벗어나려고 생각하는 마음을 먹는 순간, 그의 행복은 이미 과거의 어둠 속으로 다시 묻혀 버리고 마는 사실을 들 수 있다.

이 이야기는 기독교에서 말하는 두 가지 기본적인 진

리에 전적으로 큰 영향을 주었다.

그 내용은 자기를 사랑하듯이 다른 사람을 사랑할 때, 비로소 진정한 행복을 얻을 수 있다는 말이다. 마태복음 10장 29절의 '자기의 목숨만을 얻는 자는 잃게 되고, 나를 위하여 자기 목숨을 버리는 자는 자기 목숨을 얻으리라.'는 말씀과 '아버지께서 내 안에 계시고, 내가 아버지 안에 있는 사실과 같이 저들도 다 하나가 되어 우리 안에 있게 하여 주십시오'라는 요한복음 17장 21절의 이 내용은, 남을 위하여 사는 불교인의 자비심에서 이끌어와 사용한 내용이다.

아이들에게 이 이야기를 들려주었더니 여간 재미있어 하지 않았다. 아이들뿐만 아니라 이 이야기는 어른들 사이에서도 무척 흥미롭게 읽혀져, 이 책을 읽고 난 뒤면 으레 인생의 진실한 문제들을 토론하게 되리라 생각된다.

이 책이 나에게 커다란 감명과 교훈은 물론, 실제로 유익함을 주었음은 두말할 필요조차 없다.

폴 카루스의 글을 읽으면서, 나는 처음으로 '업보(業報: 과거에 내가 한 행위에 대한 갚음)가 언제나 그림자처럼 나에게 붙어 다닌다'라는 사실을 깨닫게 되었다. 그리고 그 순간부터 과거에 그렇게도 서슴없이 수많은 잘못을 저질러 왔던 일들이 깊이 후회되었다.

그래서 나는 '다시는 나쁜 짓을 하지 않겠다'라고 맹세하고 마음을 고쳐먹고 살아간다.

또 내가 이 책의 저자라면 더 이상 기쁘고 행복할 수가 없겠다는 부러운 생각을 금할 수가 없다. 이 책은 엄청난 삶의 지혜를 담고 있는 가장 훌륭한 책 중의 하나다.

아마도 법구경을 비롯한 불경의 진수(眞髓)들이나 오딧세이나 논어나 요셉의 역사 등의 반열에 올라가 온 세상에서 길이길이 읽혀져야 하리라고 생각하게 되었다.

레오 톨스토이

머리말

석가족의 위대한 성자이신 석가여래 즉, 부처님께서 이 땅에 처음 유세(遊說)한 곳에서는 그분에 대한 소문이 갠지스 강변의 전역(全域)을 중심으로 온 인도에 널리 퍼져 나갔고, 서로 만나기만 하면 경건(敬虔)하고 유쾌하게 부처님의 이야기를 주고 받았다.

"자네, 그 반가운 소식 들었나? 아, 글쎄 인류의 스승이오. 또한 천신들의 스승이기도 하신 부처님께서, 인간의 모습을 하고, 우리들 사이에 살고 계신다네. 큰 깨달음을 얻으신 그분이야말로 완전하고 절대적인 분이시지! 그분을 뵙고 그분의 말씀을 듣자마자, 나는 즉시 그분의 가르침에 따르기로 했다네. 자네도 가서 그분의 거룩하고 빛나는 모습을 한번 뵈라고! 그분의 얼굴은 마치 떠오르는 태양처럼 아름다울 뿐만 아니라, 지금 막 굴에서 튀어나온 젊은 사자처럼 힘차고 씩씩하시네. 그분이 한번 입을 열어 설법하실 때면, 그 음성은 마치 시원한 폭포수와 같고, 아름다운 음악 소리와 같다니까. 그르므로 그분의 설법을 들은 사람은 그분을 믿지 않고는 못 배기지.

마가다의 왕, 코살라의 왕, 그 밖에도 많은 나라의 왕들이, 그 분의 말씀을 한번 듣고는, 즉시 그분을 따르고 귀의(歸依:본성으로 돌아가 의지하다.)했다네. 그분은 이 우주의 모든 수수께끼와 인생 문제에 대한 열쇠를 가지고 계신다구. 삶이 괴로움이기 때문에, 그 고뇌의 원인과 거기에서 벗어나는 방법을 아시고, 가르쳐주신다는 거야.

알맹이는 바로 올바른 길을 걷고 있노라면 반드시 최고로 훌륭한 행복의 경지인 이상향(涅槃・寂靜・彼岸・理想鄕)에 이를 수 있다는 가르침이네."

폴 카루스

작자 소개

이 글을 쓴 폴 카루스는 1852년에 영국에서 태어나 1919년에 세상을 떠났다. 그는 1887년부터 오픈코트 출판사의 편집인으로 일해 왔고, 오픈코트 외에도 모니스터라는 잡지의 편집장으로 일하면서 한평생을 좋은 책을 만드는 일에 애써온 분이다.

그 자신도 여러 권의 훌륭한 책을 썼으며 항상 동양의 사상[佛經]을 서양에 알리는 데 힘써 온 훌륭한 작가다.

행(行:Karma)과 열반(彼岸:Nirvana)이란 이 소책자는 영국의 오픈코트 출판사에서 처음 선보인 이래 세계 각국에서 번역 요구가 많았던 불경이다. 이 전법(傳法)의 청원이 받아 들여져 19세기 말까지 '업보(業報)'라는 이름으로 독일어 번역 3가지, 불어 2가지, 일본어 2가지, 우르두어 1가지, 러시아어 1가지, 헝가리어 1가지, 아이슬란드어 1가지, 그리고 몇몇 아세아 나라말로 번역 소개된 숨은 고전이다. 늦게나마 한국의 독자들에게 소개된 점을 기쁘게 생각한다.

중역자 재수정

바람직한 불자들의 생활태도

목 차

1. 데발라의 쌀 수레

아주 오랜 옛날 인도에서 있었던 이야기다.

불교가 처음 퍼지던 무렵 그 시절, 인도는 아주 번창하는 나라였다. 상당히 개화된 사람들이었던 그들은 농업·상업·공업·교육이 잘 발달 된 도시에서 살고 있었다.

이때 판두라고 하는 브라만 계급의 부유한 보석상인이, 지금은 베나레스라고 불리는 바라나시로 마차여행을 하고 있었다. 그는 고리대금업을 하는 사람으로서 하인 한 사람을 거느리고 여유 있는 여행을 하고 있었다.

그는 머지않아 폭우가 쏟아질 듯한 날씨를 알고, 서둘러 목적지인 바라나시로 가려고 길을 재촉하였다.

말을 재촉하여 길을 가던 도중에, 불교의 수도승(비구 스님 이하 스님)으로 보이는 분을 만나게 되었다. 그는 그의 엄전하고 위엄 있는 모습을 보고 마음속으로 감탄하며 생각했다.

'저 분은 매우 위엄 있고 거룩한 모습을 하고 있구나. 저런 훌륭한 분을 알게 된다는 일은 매우 만나기 어려운

행운이다. 보아하니 분명히 바라나시로 가시는 듯한 데, 내 마차로 모시도록 해야겠다.'

이렇게 생각한 그는 마차에서 내려 아주 공손히 다가가 스님에게 말을 걸었다. 자기는 지금 바라나시로 가는 길이며, 거기에 가서는 어디에 머문다는 등을 소상히 말했다. 나라다라고 하는 비구 스님은 마침 바라나시로 가던 길이었다. 그는 스님에게 자기의 마차로 모실 수 있게 해달라고 간청했다. 그의 간청에 나라다 스님도 기꺼이 응했다.

"그대의 너그러운 호의에 기꺼이 따르겠습니다. 매우 감사합니다. 마침 저는 오랜 여행에 상당히 지쳐 있습니다. 그러나 미안스럽게도 저는 이 세상에서 필요로 하는 돈이 한 푼도 없습니다. 그래서 당신의 이런 친절에 아무런 물질적인 대가를 드릴 수가 없습니다. 그 대신 저는 하늘 사람들과 모든 천신들의 위대한 스승이시고 모든 인류들의 구세주이신 석가모니 부처님으로부터 받은 마음의 보배를 나누어 드리겠습니다."

이렇게 해서 그들은 같은 마차를 타고 여행을 하게 되었다. 판두는 스님이 하는 이야기를 한마디도 빠뜨리지 않고 귀를 기울이고 들었다. 이렇게 여행을 같이한 지 두서너 시간을 가자, 그들은 간밤에 내린 폭우로 길이 무너져 앞으로 더 나가기 어려운 곳까지 다다랐다. 더구나 앞에는 쌀을 실은 농부의 마차가 고장이 난 채로 길을 막고 있었다. 쌀을 실은 마차의 주인인 농부 데발라는 이들이 오는 줄도 모르고 열심히 마차바퀴를 고치고 있었다.

농부 데발라도 역시 바라나시로 쌀을 팔러가는 길이었다. 데발라는 다음날 동트기 전까지 바라나시에 다다르지 못할까봐 매우 마음을 졸였다. 만약 하루나 이틀 늦어지게 되면 그때는 이미 미곡 상인들이 필요한 쌀을 모두 사서 떠나므로 결국 데발라는 자기의 쌀을 한꺼번에 팔지 못하게 되기 때문이다.

판두는 자기의 길을 가로막고 있는 농부의 수레를 보고 매우 짜증을 냈다. 판두는 그의 하인인 마하두타에게 어서 농부의 마차를 길옆으로 밀어버리고 마차가 지나갈 길을 트라고 했다. 데발라는 판두에게 마차를 길옆으로 밀면 넘어진다고 사정을 했다. 그러나 보석상인은 들은 척도 하지 않고 하인에게 어서 빨리 마차를 밀어버리라고 재촉했다. 워낙 힘이 세고 사람들을 괴롭히기 좋아하는 하인 마하두타는 나라다 스님이 말릴 겨를도 없이 마차에서 뛰어내려 데발라의 쌀 마차를 길옆으로 밀쳤다. 쌀이 길에 흩어지자, 데발라는 어쩔 줄 몰라 쩔쩔 매었다.

불쌍한 데발라는 불평을 했지만, 거칠고 무서운 마하두타의 기세에 질려, 더 이상 어쩌지 못하고, 다 죽어가는 목소리로 투덜거리기만 할 뿐 특별한 수단이 없었다.

다시 판두가 갈 길을 재촉하자 스님은 마차에서 훌쩍 뛰어내리며 말했다.

"죄송합니다. 저는 여기에서 그만 내릴까 합니다. 당신에게 많은 은혜를 졌습니다. 피곤한 저를 두서너 시간 이상이나 마차에 태워주셔서 저는 지금 충분히 기운을 회복했습니다. 감사합니다. 제가 보니 저 농부는 전생에 당신의 조상님들 중의 한 분이었습니다. 저 농부의 괴로움을 덜어드리는 일 이상으로 당신의 은혜에 보답하는 길은 아마 없을 듯합니다."

스님의 이 말을 들은 판두는 깜짝 놀랐다.

"아니, 저 농부가 전생에 제 조상님이었다는 말입니까? 절대로 그럴 리가 없습니다."

"브라만님. 그대는 저 농부와 당신 사이에 맺어져 있는 여러 가지 중요한 인연을 모르고 계십니다. 때로는 가장 훌륭하게 보이는 분이 마음속은 장님일 때가 있는 법입니다. 그대가 큰 복을 받을 일을 스스로 물리치게 된 점은 매우 안타까운 일입니다. 저는 당신이 저지른 잘못을 바로잡음으로써 당신에게 받은 은혜에 보답하여 당신을 보호하고자 합니다."

부유하고 거만한 브라만은 지금까지 이와 같은 책망의 말을 들어본 적이 없었다. 스님의 말씀은 매우 부드러웠지만 판두는 크게 감정이 상했다. 그는 몹시 불쾌했지만 감정을 억누르고 마하두타를 재촉해서 다시 길을 떠났다.

2. 보석상의 금화 자루

스님은 농부에게 공손히 인사하고 흩어진 쌀을 농부와 함께 모으고 망가진 수레를 고치는 일을 도와주자 일은 생각보다 빨리 끝났다.

농부 데발라는 마음속으로 '이 분은 매우 훌륭한 분임에 틀림없다. 보이지 않는 범천(梵天:하느님. 28개 층의 하늘 중에 일곱 번째에 있는 하늘의 천왕 이름)께서 도와주시고 있는 분이다. 이 분은 내가 왜 아무 이유도 없이, 저런 거만한 브라만에게 그러한 무시를 받아야만 했는지를 알고 계실 게다. 꼭 여쭈어 봐야겠다'라고 생각했다. 그는 스님에게 공손하게 질문을 했다.

"성자님이시여. 알고 싶은 일이 한 가지 있습니다. 저는 왜 지금까지 한 번도 만나보지 못한 낯선 사람에게서 이렇듯 억울한 일을 당해야만 했습니까?"

"농부님. 그대는 억울한 일을 당한 게 아닙니다. 그대는 전생에 저 브라만에게 지금 그대가 당했던 일과 똑같은 행동을 했지요. 이번에 그 갚음을 받았을 뿐입니다. 그대가 받은 나쁜 일은 그대가 저질렀던 일의 대가에 불과합니다. 모든 운명은 그대가 저질렀던 행위로부터 생깁니다. 그대의 현재 모습은 과거 삶의 결과니, 곧 업보(業報: 한 짓에 대해 갚음을 받음)에 불과합니다."

"업보라니, 그 말은 무슨 말씀입니까?"

'인간의 업보라는 말은' 하며, 스님은 천천히 말하기 시작했다.

"어떤 사람(동물까지)이 현재나 아니면 전생의 어느 때 저질렀던 선량하거나 나빴던 모든 행동에 의해서 이루어진 결과를 말합니다. 그대의 현재의 삶은, 과거 여러 생을 거쳐 지금까지 살아오는 과정에서 이루어진 여러 가지 행동의 결과물입니다. 우리 사람들의 현재 모습은 새롭게 저지르는 행동과, 경험에 의해서 이어져 온 관습의 행동들이 모여 생긴 모습이 현재에 나타난 겁니다. 그러므로 우리는 우리가 지금까지 해온 행위가 집합된 결과에 대한 대역자(代役者: 대신 역할을 하는 이)에 불과한 존잽니다.

'업보'는 우리 본성의 그림자나 메아리처럼 행동한 자를 따름으로, 부처님의 가르침이 아니면, 그 업보를 본성의 구성 요소로 착각할 수도 있습니다. 우리 모두는 자신들의 세계를 창조한 조물주이자 이 우주의 지배자며 주인공입니다."

"그러면 저 역시 예전에 저 건방진 브라만에게 무슨 몹쓸 짓을 했었다는 말씀입니까?"

"그대만 그런 게 아니고, 이 세상의 모든 사람과 그 브라만은 아주 비슷한 마음을 가지고 있습니다. 그대기 지금 만들어 가고 있는 미래의 업보는 저 브라만과 거의 다름이 없습니다. 제가 보기에, 보석상인 브라만이 그대와 똑같은 입장에 있었다면, 그리고 당신이 그와 같이 고분고분하고 힘센 하인을 데리고 있었다면, 저 브라만이 자신의 편리를 위하여 당신에게 포악하게 굴었듯이 당신도 똑같은 행동을 했을 겁니다."

농부는 그 점을 솔직히 시인했다. 만일 그도 브라만처럼 힘과 권세만 있었다면 자신의 길을 가로막는 다른 사람을 아무런 거리낌 없이, 보석상이 자신에게 한 짓처럼 나쁘게 상대했을 거라고 생각했다. 그러나 지금은 아까처럼 무례한 행동을 하는 이웃들에게도 더욱 부드럽게 상대해야 한다는 사실을 알았다고 반성했다.

흩어진 쌀을 모두 거둬 싣고 스님과 데발라는 다시 바라나시를 향해 길을 재촉했다. 한참을 갔는데 갑자기 마차를 끌고 가던 말이 앞발을 높이 들고 가지 않으려고 뻗댔다. 농부는 깜짝 놀라 '뱀이다, 뱀.'하고 소리를 질렀다. 그러나 스님이 자세히 살펴보니, 말을 놀라 게 한건 뱀이 아니라 어떤 자루였다.

스님이 훌쩍 뛰어내려 그 자루가 보석상 브라만의 자루라고 생각했다. 자루를 열어보자 상당한 양의 금화와 많은 보석이었다. 그 돈주머니를 두 팔로 버겁게 겨우 들어 농부에게 건네 주며 말했다.

"자, 지금은 당신이 그 무례하고 건방진 보석상에게 교훈을 줄 차롑니다. 그렇게 함으로써 그대는 훌륭한 사람이 될 뿐만 아니라, 내생에는 지금보다 더 행복한 삶을 살아갈 수 있습니다. 나쁜 행위에 선량한 행동으로써 되갚음을 하는 행동만큼 통쾌하고 즐거운 일은 없습니다. 이 돈주머니를 이용하여 지금부터 제가 일러주는 대로 바라나시의 비하라 상업지역에 있는 OO호텔로 가서 판두에게 전해주십시오. 그가 그대에게 했던 나쁜 짓을 크게 뉘우칠 좋은 기회가 그에게 주어졌습니다. 그러면 '당신은 그를 용서한다고 말하고, 그리고 그가 하는 모든 일이 잘 되기를 바란다고 하십시오. 특히 내가 말하더라고 하며 그가 잘 될수록 당신도 잘 될 거라'고 하십시오. 당신의 운명은 그의 운명과 깊은 관계가 있다는 점을 깨우쳐 주도록 말입니다. 행여 그가 이유를 알고자 원하면 비하라에 있는 절로 가보라고 전해주십시오. 그러면 제가 비하라에서 그를 기다리고 있겠습니다. 자, 그럼 어서 가서 일을 보시오."

3. 베나레스에 생긴 일

국민들이 일상생활에 필요한 물건을 매점(買占:물건 값이 오를 걸 예상하고 폭리를 취하기 위해 물건을 있는 대로 다 사 두는 행위.) 매석(賣惜:물가가 폭등할 때 폭리를 취하기 위해 그 물건을 팔지 않음.)하는 일은 다만 오늘날의 일만은 아니다.

이런 방법으로 떼돈을 버는 이야기는 구약성서에도 있다.

나중에는 그 나라의 재상까지 된 히브리의 가난한 젊은이 요셉이 바로 그렇게 해서 떼돈을 벌었다. 그는 양심적인 일은 못 되지만 매우 영리한 방법으로써 밀을 한꺼번에 사들여서, 굶주린 사람들이 모든 재산의 권리는 물론, 심지어는 목숨까지 왕에게 바치게 했다.

또 이런 일은 부처님의 전생 이야기 속에도 나온다. 아직 부처님이 되기 전 과거 어느 때, 부처님은 바라나시의 옛 이름인 카시국 임금의 재산관리인이었다. 그는 어느 날 아침 일찍, 싱싱한 말먹이 풀을 몽땅 사들였다가, 그 날 말 장사가 5백 필이나 되는 말을 끌고 도시로 왔을 때, 그걸 모두 되팔아서 많은 돈을 벌었다.

나는 이러한 이야기를 읽으면서 불경이 구약성서의 본바탕이란 생각을 확실히 믿게 되었다.

보석상인 판두가 바라나시에 도착했을 때 바로 이런 일이 벌어져 있었다. 어떤 뱃심 좋은 투기업자가 그 도시의 쌀을 몽땅 사버렸다.

판두는 바라나시에 돈 많은 고리대금업자인 친구가 있었다. 말리가라고 하는 그의 친구는 쌀의 매점으로 몹시 곤경에 처했다. 판두를 만나자 말리카는 하소연했다.

"나는 지금 망했네. 만약 임금님의 수라상에 올릴 좋은 쌀을 구하지 못하면 앞으로는 자네와 장사도 할 수 없게 되었네. 여기 바라나시에는 나와 경쟁하는 고리대금업자가 있는데, 내가 임금님의 재산 관리인에게 내일 아침까지 쌀 한 수레를 팔기로 한 사실을 미리 알고, 이 도시의 쌀을 몽땅 사들였다네. 그는 내가 망하기를 바라거든. 임금님의 관리인도 뇌물을 받았음에 틀림없어. 나와의 계약을 하루도 연기해 주지 않는다는 거야. 범천의 신께서 천사라도 보내어 나를 돕지 않는다면 나는 지금부터 완전히 파산일세."

말리카가 이렇게 망하게 된 일을 슬퍼하고 있을 때, 판두도 비로소 자기의 돈주머니가 없어진 사실을 알았다. 아무리 마차의 구석구석을 뒤져보아도 돈주머니는 발견되지 않았다. 결국 그는 하인인 마하두타를 의심했다. 그는 관리를 불러 하인을 도둑으로 고발했다. 관리는 마하두타를 감옥에 가두고 고문을 하며 자백을 강요했다.

마하두타는 고문에 못 이겨 소리를 질렀다.

"나는 죄가 없습니다. 더 이상 이 고통을 못 참겠습니다. 저는 돈주머니와는 정말로 아무 관계가 없습니다. 차라리 다른 죄로 나를 처벌해 주십시오. 여기에 오면서 주인을 위해서 죄 없는 농부를 못살게 괴롭힌 죄밖에 없는데, 그 일이 이 벌이 되었습니다."

심문관은 뭐라고 해도 듣지 않고 계속 채찍으로써 마하두타를 때렸다. 바로 그때 데발라가 바라나시에 도착했다. 데발라는 이 소문을 듣고 깜짝 놀라 얼른 돈주머니를 판두에게 건네주었다.

마하두타는 그를 고문하던 사람들의 손아귀에서 가까스로 풀려날 수 있었다. 그는 주인인 판두를 몹시 원망하며 몰래 도망을 쳐 산속에 있는 도둑들의 소굴로 들어갔다.

워낙 힘이 세고 대담하고 영리한 사람이었기 때문에 그는 얼마 뒤에 도둑들의 두목이 되었다.

말리카는 임금에게 올릴 만한 좋은 쌀을 파는 농부가 왔다는 말을 판두에게 듣고 즉시 시중 값의 두 배나 주고 데발라의 쌀을 몽땅 샀다.

한편 판두는 돈을 되찾게 되어 대단히 기뻐했다. 데발라로부터 자초지종을 들은 판두는 그에게 후한 사례를 하고, 나라다 스님을 만나기 위해 즉시 서둘러서 비하라에 있는 절로 달려갔다.

판두를 보자 스님은 말했다.

"그대에게 모든 이야기를 해주고 싶었어도, 그대는 마음을 다스리는 진리에 대해서 이해할 수 없었소. 차라리 침묵을 지킴이 좋겠지만, 그래도 몇 가지는 충고 해드리고자 하니 잘 들으시오.

사람을 상대할 때는 누구나 상관없이, 상대를 자신이라고 생각하고 상대하시오. 다른 사람으로부터 그대가 대접받기를 바라듯이, 다른 사람을 대접하십시오. 이러한 대인 방법은 우리들에게 업의 여행을 위해 훌륭한 길을 제시하지요. 업의 결과는 매우 빠르나 아주 오래갑니다. 선량하게 살았는가? 나쁘게 살았는가? 하는 일은 누구나 자기 자신을 되돌아보아야 비로소 진실한 자기를 알 수 있지요. 그러므로 이렇게 말할 수 있소."

서서히 그러나 확실히 실행하시오.
실행한 일은 서서히 자신을 향함이 이칩니다.
그대도 자비의 씨를 뿌리면
풍성한 축복을 거둡이 결과인 업으로 나타납니다.

"오 위대한 스승님이시여, 부디 모든 이치를 말씀해 주십시오. 저는 지금부터 스님의 가르침에 따라 훌륭한 삶을 이끌어 나가도록 힘쓰겠습니다."

"잘 들으십시오. 그대에게 어려움을 푸는 열쇠를 줄 테니, 비록 이해하지 못한다 해도, 부디 믿고 따르십시오. 인간의 '자아', 곧 '나'(ago:自我)라는 존재는 환상에 불과한 존재요. '자아'에만 충실하려는 행위는 곧 미혹을 따르는 일이지요. '자아'는 죄의 수렁으로 자신을 이끄는 마차지요. '자아'라는 환상은 마치 그대의 눈에 먼지가 끼었을 때, 사물을 바로 볼 수 없음과 같이 그대를 어둡게 만들어, 그대는 자신과 그대를 따르는 여건들과의 관계를 파악하지 못하게 합니다. 그대 주위의 모든 여건들은 그대 몸의 모든 기관들과 밀접한 관계를 맺고 있듯이, 그대 자신과 밀접한 관계를 맺고 있지요. 모든 가치 있는 사물 중에는 그대 업의 그림자가 깃들어 있음을 깨달아야 합니다. 자신의 처지를 모름은 죄의 근원이지요. 진리를 깨달은 사람은 매우 적어요. 자, 이 말을 삶의 교훈으로 삼으십시오.

다른 사람을 해치는 짓은
자신이 자신을 파괴하는 일
이웃을 돕는 일이 진정으로
자신 스스로를 고귀하게 하는 길입니다.

스스로 오직 스스로
자아가 환상임을 깨달아야 합니다.
그제야 분명한 행복의 길을 찾을 수 있으니
모든 길이 그대 앞에 환히 열립니다.

사람들은 세상의 더러움을 타기 쉬운 존재요. 반드시

쉴 새 없이 고개를 쳐들고 일어나는 '자아'를 바르게 앎으로써 정신적인 삶을 훌륭하게 이끌 수 있지요. 사람들은 재생의 길을 찾기 위해 노력을 해야 하지요. 모든 중생에게 자비와 친절을 베풀고 남을 이해하는 일의 중요함을 깨닫지 못하는 한, 진실한 새 삶을 살 수는 없지요."

"오! 위대하신 분이시여! 스님의 말씀은 매우 훌륭하고 뜻이 매우 깊습니다. 제 마음속 깊이 새겨두겠습니다. 돈 드는 일이 아니었기 때문에 피로해 보이는 스님에게 바라나시로 동행하자고 마음을 내었을 뿐이었는데, 이처럼 고귀한 결과를 가져올 줄은 정말로 몰랐습니다. 저는 스님에게 많은 빚을 졌습니다. 제가 잃어버린 돈주머니를 찾게 해주셨고, 게다가 바라나시에서 많은 돈도 벌게 해주셨습니다. 스님이 아니었다면 많은 재산을 잃었을 테지요. 더구나 스님의 사려 깊은 호의로 농부가 때 맞춰 와줌으로써 친구인 말리카도 곤경에서 벗어나 더 잘 될 수 있게 되었습니다. 모든 사람들이 스님의 훌륭한 인품에 감동하지 않을 사람은 없겠습니다. 스님의 가르침을 따르면 이 세상은 더욱 살기 좋아지고 세상의 악은 사라지게 되겠습니다. 경배하며 감사드립니다."

나라다 스님이 천천히 입을 열었다.

"이 세상에는 좋은 인연이 많지요. 돈과의 인연·명예와의 인연·권력과의 인연·아름다운 이성과의 인연·친구와의 인연·성스러운 분과의 인연 등등. 그러나 이 모든 인연 중에서 부처님과의 인연만큼 고귀하고 값진 인연은 없지요. 세속에서 고귀하고 훌륭하다고 함은, 아무리 좋은 인연이라 해도 때가 되면 이내 허망하게 나를 떠나고 말지만, 부처님께서 가르치신 인연법에 의해서 이루어진 모든 일의 결과는, 처음과 중간과 끝까지 다 훌륭하고 더 영광스럽게 되는 인연이지요. 모든 문자와 모든 정신 가운데 가장 진실하고 영광스러운 내용이 부처님의 가르침이지요. 부처님의 가르침은 진실한 사랑과 자비가 근본이기 때문에, 이기주의에서 비롯된 편협함으로부터 인간을 해탈하게 하며, 광명의 길로 이끌어 인간의 마음을 밝게 하지요. 그러면 인간은 올바른 길로 향해 나아가게 되지요."

판두는 머리를 조아리며 말했다.

"부디 저에게 부처님의 진리를 정확하게 알게 해주십시오. 저는 지금 이 시간부터 이곳 카우삼비에 있는 비하라

절을 제가 다시 태어난 곳으로 삼겠습니다. 이곳의 절을 새로 수리하여 모든 스님들을 위해 바치겠사오니 부디 왕림하여 주십시오."

4. 도적떼들 속에서

세월이 흘러 판두가 새로 수리한 카우삼비의 비하라 절에는 많은 성스런 스님들이 모여들어 머물며, 그 지방 사람들에게 불도를 가르쳐 자신을 고쳐가게 하고, 그 지방 사람들에게 진리의 빛을 전도하는 중요한 절이 되었다.

그때 이웃 나라의 왕이 판두가 가지고 있는 보석이 아름답다는 소문을 듣고 자신의 순금 왕관을 인도에서 가장 아름다운 보석으로 장식하려고 사람을 보내왔다. 판두는 그 명령에 기꺼이 응해 가장 우아한 모양의 왕관을 만들었다. 왕관을 다 만들자 왕이 있는 그 나라의 수도를 향해 떠났다. 판두는 이 일을 훌륭하게 마침으로써 여러 가지 다른 일도 함께 맡게 되기를 기대했다.

많은 황금을 가진 일행은 무장한 호위병들에게 둘러싸여 길을 떠났다. 그러나 일행이 산꼭대기에 다다르자 마하두타가 이끄는 도적들을 만났다. 도적들은 판두의 일행을 기습하여 보석을 강탈했다. 이 재난은 판두의 행복을 일시에 다 빼앗아 가 버렸다. 그는 많은 재산을 송두리째

잃고 안타까워했다.

그는 낙담했다. 그러나 그러한 불운에도 옛날과 다르게 아무런 불평을 하지 않고, 그는 혼자서 곰곰이 생각했다.

'내가 이와 같은 불운에 빠진 이유는 분명히 내가 과거 어느 때에 저질렀던 부정적인 행위에 대한 대가를 받는 일이다. 내가 젊었을 때 얼마나 많은 사람들을 괴롭혔던가? 지금 비로소 내가 과거에 저질렀던 악행의 대가를 받는 중이니, 전혀 불평할 이유가 없지 않은가?'

그는 모든 사람들에게 더욱 친절하게 대했다. 결국 그의 불운은 그의 마음을 더욱 깨끗하게 만든 결과가 되었다. 그가 재산을 잃고 섭섭해 한 일은, 오로지 부처님의 진리를 널리 알리려고 비하라에 오시는 스님들을 이전처럼 제대로 모실 수 없음에 있었다.

다시 몇 년이 흘렀다. 나라다 스님의 제자인 판타카라는 젊은 스님이 카우삼비의 산길을 지나게 되었다. 그 역시 산속에서 도둑들을 만났다. 그러나 그 스님은 돈이 되는 물건이 한 가지도 없었다.

도적의 우두머리인 마하두타는 꿀밤 한대를 쥐어박은 뒤 스님을 놓아 주었다.

산에서 잠을 잔 다음 날 아침, 스님은 다시 가던 길을 재촉해 험한 산길을 지나가는데 갑자기 어디선가 심하게 싸우는 소리가 들렸다. 가든 길을 계속 가다보니, 어제 스님에게 꿀밤을 준 도적이 다른 도적들에게 둘러싸여 격렬하게 싸우고 있었다. 그는 덤비는 자들을 몇 명씩 한 꺼번에 쓰러뜨리고 있었으나 혼자서 감당하기에는 숫자가 너무 많았다. 그는 있는 힘을 다하여 싸웠으나, 혼자서 많은 자들을 대적하지 못하고 큰 상처를 입고 쓰러졌다.

도적들이 쓰러진 마하두타를 그냥 두고 거기를 떠나자 판다카 스님은 곧 다가가서 부상자들을 돌봐주려고 했다. 도적들은 모두 죽고 오직 마하두타만이 간신히 목숨이 붙어 있었다.

판타카 스님은 즉시 가까이에 있는 시냇물로 뛰어 내려가 신선한 물을 길어다 죽어가는 사람의 입 속에 흘려 넣었다. 마하두타는 눈을 가늘게 뜨고, 이를 악물고는 간신히 입을 열었다.

“나를 해치려던 그 더러운 놈들은 지금 어디로 갔지? 내가 없으면 그 놈들은 머지않아 사냥꾼이나 맹수의 밥이 되어버리고 말 거야."

"죄를 많이 짓던 삶의 동반자들인 그들에 대한 생각은 더 하지 마시오."

스님은 조용히 계속 말했다.

"오로지 그대 자신의 운명에 대해서만 생각하시오. 그리고 자신에게 주어진 마지막 참회의 기회를 받아들이시오. 여기 이 물을 마시고 상처를 내게 보여주시오. 혹시 내가 당신을 살려낼 수 있을는지도 모르는 일이 아니오."

"아아! 스님은 어제 내가 꿀밤을 줬던 바로 그 스님이 아니오? 그런데 지금 스님께서 저에게 물을 떠다 주시고 저의 생명을 구하려 하시다니…. 아! 훌륭한 분이시여, 다 부질없는 짓이오. 저는 죽어야 마땅한 나쁜 놈입니다. 그 더러운 놈들이 나를 죽이려 하다니…, 은혜를 잊고 도와 준 일을 잊은 인간들."

"당신은 지금 이즈막에 당신이 뿌린 대로 거두고 있는 중이오. 만일 당신이 그들에게 자비를 가르쳤다면 그들도 당신에게 자비를 베풀었을 테지요. 그러나 당신은 그들에게 싸우는 짓만 가르쳤소. 당신이 그들 손에 입은 상처는 모두 당신이 가르친 결과로 생긴 일이오."

"옳은 말씀입니다. 모두 다 진실입니다."

도적의 두목은 다시 말을 이었다.

"저의 운명이 이렇게 된 일은 당연합니다. 슬퍼할 수밖에 없지요. 저는 앞으로 지금까지 저지른 악행의 대가를 더 많이 받아야만 합니다. 오! 성스러운 분이시여. 저를 도와주십시오. 저의 가슴을 억누르고 있는 바위덩이 같은 죄의 무게를 어떻게 해야만 가볍게 할 수 있겠습니까?"

스님은 조용히 말했다.

"그대의 마음속에 자리를 잡고 있는 모든 부정적인 욕망을 다 부처님께 정성을 다하여 참회하십시오. 그리고 그대의 마음을 부처님과 그대 주의의 모든 사람들과 동물에 대한 자비로써 가득 채워 넣으시오."

5. 거미줄

판타카 스님이 상처를 치료해 주고 있는 동안, 도적은 계속해서 이야기를 했다.

"저는 지금까지 나쁜 일만 했습니다. 선량한 일이라고는 단 한 번도 한 적이 없습니다. 어떻게 하면 제가 이런 악행의 굴레로부터 스스로를 건질 수 있겠습니까? 어떻게 해야 저의 마음속에서 악에 대한 유혹을 제거할 수 있겠습니까? 지금까지 저의 업보는 분명히 저를 지옥으로 끌고 가고도 남습니다. 다시는 올바른 길을 걸을 기회가 없다고 생각됩니다."

스님은 마하두타의 손을 잡고 말했다.

"그대는 필연코 지금까지 그대가 뿌려온 악의 씨를 거두어야 합니다. 이 세상의 모든 중생들은 그동안 저질러온 악한 행위의 굴레로부터, 아무 대가도 치르지 않고는 빠져나올 수 없습니다. 그러나 너무 실망할 필요는 없습니다. '나'라고 하는 환상(幻想)으로부터 벗어난 사람과, 마음속의 부적절한 탐욕을 벗어난 사람과, 죄를 짓겠다는 욕망을 씻어 버린 사람은, 스스로와 다른 모든 이들이 축복하는 사람이 될 수 있는 게 영원한 진립니다.

지금부터 제가 해드리는 칸다타라는 도적의 이야기를 잘 들으십시오.

칸다타는 큰 도적의 두목이었습니다. 그는 죽을 때까지 한 번도 참회한 적이 없었습니다. 그는 죽은 후 지옥의 마귀가 되었습니다. 지옥에서도 가장 가혹한 형벌을 받고 괴로워했습니다. 그는 지옥에서 몇 만 겁을 살아야만 했습니다. 그는 매일 매일을 그런 비참한 상황(狀況)속에서 고통으로 몸부림치며 지냈습니다.

그러던 어느 날 부처님께서 칸다타가 있는 지옥에 나타나셨습니다. 칸다타는 부처님을 뵙자 비로소 광명의 길을 찾은 듯 했습니다. 어두운 지옥에 밝은 빛이 비치자 모든 마귀들은 새 삶에 대한 희망을 가지게 되었습니다.

칸다타는 부처님을 뵙자 큰 소리로 호소했다.

"오! 부처님이시여. 저에게 자비를 베풀어 주십시오. 저는 지금 견딜 수 없는 고통 속에서 괴로워하고 있습니다. 비록 과거에는 무수한 악행을 저질렀습니다만 앞으로는 올바른 길을 걷고 싶습니다. 그러나 이 지옥의 고통에서 벗어날 수 없습니다. 여기서 고통을 받고 있는 가련한 저를 구제해 주시옵소서. 부처님이시여. 저에게 자비를 베풀어주시옵소서."

"스스로 저지른 악행이 자신을 파멸로 이끎은 인과응보의 법칙이니라. 악행은 그 악행을 지은 자를 고통과 파멸로 이끌지만, 선행은 모든 생명들을 편안하고 행복한 곳으로 인도하느니라. 모든 악한 행동은 끝이 있지만, 선행은 선행을 하는 쪽으로 나아가게 함으로써 끝이 없는 법이니라. 아무리 작은 선행이라도 선행은 새로운 선행을 위한 씨가 되어, 풍성한 열매를 맺는 법이니라. 선행은 윤회 속에서 돌고 돌며 헤매는 가엾은 중생들을 그 윤회에서 벗어나게 해주는 최상의 보배니라. 모든 중생은 스스로 피안에 이르러야 비로소 완전히 자유로워져 행복해지는 법이니라."

부처님께서는 지옥에서 고통을 받는 마귀들에게 위와 같이 말씀하셨다. 그리고는 특히 칸다타를 가리키며 말씀하셨다.

"칸다타야. 지금부터는 악행을 그치고 오로지 선행만을 할 수 있겠느냐? 오직 선행만이 너를 다시 일으켜 세울 수 있느니라. 그러나 너는 지금까지 네가 저지른 악행의 대가를 달게 받지 않으면 안 된다. 지금부터 '나'라는 굴레를 벗어버리고 욕망과 더러움과 잘 되는 남을 질투하는 마음을 깨끗이 씻어내도록 하여라."

칸다타는 워낙 무지막지한 인간이었으므로 아무 말도 못하고 가만히 있었다.

부처님께서는 칸다타가 고통으로 괴로워하는 모습을 가여워하는 눈빛으로써 바라보시며 구제해 줄 방법을 생각하셨다.

부처님께서는 칸다타가 전생에 한 일을 알아보시고, 그가 생전에 꼭 한 번 착한 일을 한 적이 있는 사실을 알아내셨다.

과거 어느 때, 칸타타가 어느 날, 그가 숲 속에서 길바닥을 기어가는 거미 한 마리를 발견했는데, 짓밟아 죽이려고 발을 들었다가 문득 가련한 생각이 들어 마음을 고쳐먹고 해치지 않았다.

그 일을 알아내신 부처님께서는 그 대가로 이 사내를 지옥으로부터 구제해 주고자 하셨다. 다행히 거니시던 연못의 연꽃 위에 아름다운 은빛 거미줄을 치고 있는 극락 거미 한 마리를 보시고 슬며시 잡아서, 그 거미의 줄을 아득한 지옥에 있는 칸다타에게 닿게 해주셨다.

지옥의 고통에 지쳐 있던 칸다타는 거미줄을 보자 재빨리 움켜잡고 위로 올라오기 시작했다. 원래 큰 도둑으로서 그런 일에는 옛날부터 이력이 나 있던 그였으나, 지옥과 극락 사이가 워낙 먼지라 쉽사리 올라와 지지가 않았다.

한참을 정신없이 올라오다가, 지친 그가 축 늘어진 채 숨을 돌릴 생각으로 아래를 내려다보니, 아! 거미줄 저 아래에서부터 이루 헤아릴 수 없는 죄인들이 자기 뒤를 따라 거미줄을 잡고 부지런히 기어오르고 있었다. 아! 이 가늘고 약한 거미줄이 무슨 수로 저토록 많은 마귀들을 감당하겠는가? 만약 끊어지기라도 하는 날에는 모처럼 올라가는 자신까지도 다시 지옥으로 떨어져 버릴 게 분명하다고 생각했다.

당장 무슨 수를 내지 않으면 안 될 지경이라 조바심이 난 그는 큰 소리로 말했다. '이놈들 죄인들아. 이건 내 생명줄이야. 이 거미줄은 '나'의 생명선이란 말이야. 너희들은 도대체 누구의 승낙을 받고 따라 올라오는 거냐. 내

려가! 썩 내려가!'

바로 그 순간, 지금까지 아무렇지도 않던 거미줄이 갑자기 툭 끊어지면서 그는 천 길 지옥 바닥으로 거꾸로 곤두선 채 다시 지옥에 떨어지고 말았다.

칸다타는 그때 '나'라는 환상으로써, 이기심을 버리지 못했고, 그는 함께 구제받고자 하는 자비심이 없었고, 바른 길로 나아가려는 사람을 이끌어 주시는 부처님의 놀라운 자비의 힘에 대한 믿음이 없었다. 비록 거미줄은 가늘었지만 부처님께서는 그 줄로도 무수한 지옥중생을 끌어올릴 수 있었다. 더 많은 사람이 매달리면 매달릴수록 그들 각자는 다 지옥을 벗어날 수 있었다. 지옥을 비울 수 있던 기회가 한 악한의 '나'만이라는 생각에 의해 물거품이 되어 버렸다.

그러니 마음속에 '이것은 '나'의 생명선이다. '나' 혼자만이 구제를 받아야 하겠다. 아무도 같이 갈 수 없다'는 생각이 들자 거미줄은 끊어지고 그들은 다시 지옥에 떨어지고 말았다.

<u>지옥이란 어딘가? 지옥은 이기주의자들의 집합솝니다. 피안이란 어디인가? 피안은 모두가 함께 올바르게 사는</u>

행복한 이들의 낙원입니다."

스님이 이야기를 마치자 도적이 말했다.

"저에게도 거미줄을 잡을 수 있는 기회를 주십시오. 저는 꼭 부처님을 믿고 모든 이들과 같이 지옥에서 벗어나도록 노력하겠습니다."

6. 마하두타의 참회

마하두타는 한참동안 곰곰이 생각했다. 그리고는 온힘을 다해 스님에게 말했다.

"저의 말씀을 들어주십시오. 고백할 사연이 있습니다. 저는 예전에 판두라는 사람의 하인이었습니다. 그 사람은 지금 카우삼비에서 보석상을 하고 있습니다. 전에 주인이 저를 억울하게 누명을 씌워 괴롭히자 저는 도망을 쳐서 도둑의 두목이 되었습니다. 어느 날 저는 염탐꾼으로부터 판두가 화려한 금관과 많은 금은보화를 가지고 이 산을 넘어간다는 소식을 알아냈습니다. 저는 그의 재산을 몽땅 강탈하고 옛일에 대해 복수를 했습니다. 부디 그에게 가셔서 그 옛날 그가 저를 괴롭혔던 일을 제가 '마음속으로부터 진실로 용서한다고 하시고, 제가 그의 재산을 훔친 일에 대해 용서를 구한다'라고 말씀해 주십시오. 제가 그 사람과 같이 있을 때, 그의 마음은 마치 돌처럼 굳어 있었습니다. 그때 저는 그 사람으로부터 자신의 이익만을 생각하는 마음을 배웠습니다. 그 후 그 사람은 참회하며 부처님의 제자가 되어, 정직하고 자비심을 실천하고 있습니다. 그의 선량한 행동과 올바른 믿음과 자비심은 어느 도적도 훔칠 수 없는 보물입니다. 저는 지금 그동안의 악행 때문에 저의 업보가 계속될까 두렵습니다. 그에게 다시 재화를 돌려줄 때까지는, 업보가 제 마음에 빚으로 남아 있을 겁니다. 제 마음은 지금 완전히 바뀌었습니다. 제 마음속 깊숙이 자리 잡고 있던, 나쁜 짓을 하고 싶은 마음은, 지금 완전히 제거했습니다. 제 삶의 한 순간만이라도 좋은 일을 위해 이 몸과 목숨까지라도 다 바치고 싶습니다. 제발 판두에게 가셔서 이 근처 동굴 속에 숨겨둔 황금왕관을 찾아 임금님께 바치고, 보석과 금화로써 지금 하는 선행에 보태라고 전해주십시오. 부탁입니다. 저의 부하 두 명만이 이 사실을 알고 있습니다. 어서 가셔서 무장한 사람들을 데리고 와서 찾아가라 이르십시오. 단 한 가지 조금이라도 착한 행동으로써 저의 이 무거운 죄를 덜고 싶습니다. 더러워졌던 제 업을 조금이나마 깨끗이 할 수 있도록 도와주십시오. 저의 참회를 위해 좋은 일을 할 기회를 주십시오."

마하두타는 가까스로 동굴 위치까지 알려주고는 지쳐

버렸다. 스님은 그를 편안한 곳으로 옮겨 눕혔다. 그는 한동안 조용히 누워 있었다. 그러자 상처의 고통은 점차 사라지고 편히 숨을 쉴 수 있게 되었다. 그러나 그의 생명은 차차 꺼져가고 있었다. 눈을 뜬 그는 마치 즐거운 꿈속에서 지금 막 깨어난 사람 같았다.

"훌륭한 스님이시여. 부디 저를 위해 제가 부처님의 나라에 태어나, 부처님의 가르침을 받들고, 옳은 길을 갈 수 있도록, 이끌어 주십시오. 그리하여 윤회의 괴로운 헤맴으로부터 벗어나, 행복한 피안의 편안함에 이르게 이끌어 주십시오. 저는 잠깐 동안 예전에 보았던 부처님께서 열반에 드시는 모습을 생각해 보았습니다. 그 모습은 매우 큰 감명을 주셨습니다. 지금 죽어가는 마당에 그 생각을 하니 마음이 매우 홀가분합니다."

스님이 엄숙히 말했다.

"부처님께서는 반드시 나타나십니다. 그래서 당신을 죄와 어둠 속에서 건져 참된 광명 속으로 인도하십니다. 그분은 병들고 괴로워하고, 슬퍼하고, 죽어가는 이들 가운데 계십니다. 그분은 스스로 모든 이기심과 마음속의 더러움을 털어내시고, 자비의 즐거움을 얻으신 분입니다.

세상의 권력과 명예에 대한 욕망과 재물을 탐하는 마음과 쾌락을 추구하는 덧없고 허황한 마음을 떠나신 분입니다. 그분은 오로지 하나의 목적, 모든 중생들이 영원히 죽지 않는 밝은 생명의 길, 바른 깨달음을 얻을 수 있도록 교화하고 계십니다. 전생과 이생과 미래에 착한 업보를 쌓음으로써, 그분은 피안의 경지에 이르셨습니다. 그분이 이상향에 이르셨을 때, 그분은 완전히 이 세상의 헛되이 사라지는 모든 현상들에 대해서 초월하셨습니다. 모든 사람들도 그분처럼 욕망과 시기질투와 죄악에서 벗어나야만 합니다."

마하두타는 목마른 사람이 맑고 시원한 물을 마시고 난 뒤, 다시 생기를 찾듯이 스님의 말씀을 열심히 경청하였다. 그는 무언가 말을 하고 싶었으나, 입술을 움직일 힘이 없었다. 마하두타는 스님의 말씀에 옳다는 눈빛을 해 보였다. 그는 윤회의 법칙을 기꺼이 따르려는 마음가짐을 하고 있었다.

판타카 스님은 죽어가는 마하두타의 입술을 축여주고 그의 고통을 감싸주었다. 마하두타가 더 이상은 말을 할 수 없게 되자, 스님은 그의 손을 꼭 잡으며, 입을 귀에 대고 그가 하고 싶어 하는 말을 조용히 대신해 주었다.

거룩한 부처님께 귀의합니다.
거룩한 가르침에 귀의합니다.
거룩한 스님들께 귀의합니다.

스님의 말소리는 마하두타의 귀에 장엄한 음악처럼 들렸다. 마하두타의 마음속은 더 높고 더 훌륭한 삶을 찾게 된 기쁨으로 가득 찼다. 그의 눈은 먼 허공을 응시하고 있었고 모든 고통은 사라졌다. 도적의 두목은 스님의 팔에 안겨 진심어린 참회를 하며 삼보에 귀의하고 이생을 마쳤다.

7. 참회한 도적의 무덤

판타카 스님은 카우삼비에 도착하자 곧 비하라의 판두를 찾아갔다. 스님은 자기가 숲 속에서 겪었던 모든 일들을 이야기했다.

판두는 스님을 모시고, 즉시 무장한 하인들을 이끌고 산으로 가서 마하두타가 숨겨둔 왕관과 금화와 보석을 다시 찾았다.

그 근처에는 마하두타와 그가 죽인 산적들의 시체가 즐비하게 늘려져 있었다. 그들의 일행은 그들의 시체를 거두어 정성껏 화장하여 장례를 지내주었다.

화장한 재를 모아 커다란 무덤을 만들고, 스님께 마하두타가 참회한 내용의 이야기를 비문으로 남기고 싶다고 했다. 스님은 판두 일행이 집으로 돌아가기 전에, 마하두타의 비문을 새기도록 하고, 업의 중요성을 일깨우는 부처님의 말씀을 설명하셨다.

그대가 악행을 하면 고통을 받게 되고

그대가 선행을 하면 선행을 하는 동안
그대가 정진을 하면 정진을 하는 동안
아무도 행복을 앗지 못함은 우주 진리.

세상의 어떤 신도
그대를 구해주지는 못하는 법.
행복의 땅이 눈앞에 있어도
아무도 대신 갈 수 없네.

오직 그대 스스로
자신의 길을 걸어가야만 하네.
전지전능하신 거룩하신 부처님도
단지 길을 가르쳐 주실 뿐이네.

"중생의 업보란 하늘의 신인 이쉬바라 · 브라흐마 · 인드라 같은 신들이 만들지 못합니다. 우리의 업보는 우리 자신의 행동으로부터 나옵니다. 나의 행동은 나를 낳아준 어머니의 자궁과 같습니다. 행동은 나를 키워주는 유산과도 같습니다. 그것은 나의 잘못된 행동에 대한 저주이자,

나의 선량함에 대한 축복이기도 합니다. 나의 행동은 나를 구제해 줄 수 있는 오직 하나의 원천입니다."

스님은 잠시 멈추었다가 설법을 계속했다.

"모든 사람은 스스로 자신의 업을 만듭니다. 우리는 씨를 뿌린 대로 거들 따름입니다. 우리는 선행과 악행에 대해서 똑같이 책임을 져야 합니다. 이것이 업력의 관성이고 우주의 법칙이며 영원한 진립니다. 한 사람의 악행은 다른 사람의 악행에 메아리가 됩니다. 그러므로 우리가 나쁘다고 잘못되었다고 판단할 때, 우리는 기꺼이 모든 이들에게 자비를 베풀어야 합니다. 왜냐하면, 우리는 모두 허물을 지은 이들도 삶의 동반자들이기 때문입니다."

마을 사람들은 마하두타의 무덤을 '참회한 도적의 무덤'이라고 불렀다. 그 후 그곳에는 작은 절이 세워졌고, 지나는 사람들의 휴식처가 되었으며, 그곳에서 사람들은 도적을 참회시킨 부처님 제자 판다카 스님의 공덕을 기렸다.

8. 선한 업보의 보상

보물을 다시 찾은 판두는 그 보물을 가지고 카우삼비로 돌아갔다. 생각하지도 않았던 많은 재산을 찾은 그는 전보다고 더욱 부자가 되었고 권세 있는 사람으로서 여생을 보냈다. 세월이 흘러 그도 나이가 들어 죽을 때가 되자, 그는 자손들을 불러놓고 간절(懇切)한 유언을 했다.

"사랑하는 나의 자손들아. 너희들이 성공하지 못했다고 해서 남을 탓하지 마라. 너희들이 가지고 있는 병의 원인은 오직 너희들 스스로에게서 찾도록 하여라. 너희들이 허황된 현실에 눈이 멀지 않았다면 분명히 너희들 자신에게서 잘못을 찾을 수 있느니라. 그러면 즉시 그 잘못을 떠나 바른 길로 가도록 하여라. 병의 치료는 스스로 해야 하느니라. 마음의 눈을 이기심의 먼지가 덮지 않도록 항상 명심하여라. 그리고 부디 내 삶의 좌우명을 가슴 깊이 새기도록 하여라.

다른 사람을 해치는 행위는

스스로를 해치는 짓이다.
다른 사람을 도와주는 일은
스스로 '나' 를 도움이니라.

너희들의 마음에서
'나' 라는 환상을 지워버려라
그러면 길이 보이나니
그 길은 밝음에 이르는 길이니라.

만약 너희들이 이 말을 명심하고, 그대로 실행하면 너희들이 쌓아온, 선량한 업력으로써 언제나 옳고 바르게 살게 되며, 옳고 바르게 살면, 편안한 죽음을 맞을 수 있음은 물론, 우주에 사는 이들은 영원히 선망하느니라. 이렇게 하면 너희들이 실행한 선행에 따라, 언제까지나 다함이 없이 선행을 하여 끝없이 행복을 누리는 부처님 제자가 되느니라."

불자의 마음가짐

목 차

1. 밭을 갈 던 청년 수다타

아반티 마을의 쿠두라가라 들판에서 수다타라는 브라만 청년이 밭을 갈고 있었다. 그 밭은 수부티라고 하는 촌장의 소유였는데, 그는 부자인 데다가 왕으로부터 촌장에 임명된 사람이었기 때문에, 마을 사람들은 그를 마하 수부티(훌륭한 수부티-큰 수부티.)라고 불렀다. 촌장은 마을의 법을 만들고 재판을 하며 형벌을 내리는 권한을 가지고 있었다.

수다타는 즐겁게 노래를 부르며 소를 몰았다. 그가 그렇게 즐거워하는 데에는 그만한 이유가 있었다. 촌장이 그를 사위로 맞아들이기로 결정을 내렸기 때문이다.

수부티는 근면해서 농작물 수확을 누구보다도 많이 했고, 소를 길러 많은 이익을 보기도 하였지만, 그런 일보다 신앙으로 얻은 즐거움이 더 컸다. 어쨌든 이러한 여러 가지 일로 마음이 흡족한 수다타는 항시 즐거워 콧노래를 불렀다.

그런데 어느 날 그는 밭을 갈다가 우연히 토끼 굴을

쟁기로 뒤엎게 되었다. 그러자 그 안에서 토끼 한 마리가 튀어나와 도망을 치기 시작했다. 그러나 그 토끼는 얼마 가지 않고 굴속에 버려둔 새끼들이 염려되어 되돌아서고 말았다. 수다타는 소를 몰던 막대기를 치켜들고 그 토끼를 잡으려고 좇아갔다. 그가 토끼를 막 내려치려는 순간 어디선가 '여보게 젊은이'라고 그를 부르는 소리에 내리치려던 손을 멈추고 돌아보았다. 그곳을 지나던 스님이었다.

"여보게, 내 말 좀 들어보게. 도대체 그 가엾은 토끼가 그대한테 무슨 손해를 끼쳤는가?"

그 말에 수다타는 이렇게 대꾸했다.

"저 토끼가 저에게 해를 끼친 일은 없지만, 우리 주인님의 밭에서 살고 있었기 때문에 잡으려 합니다."

그 스님의 모습은 아주 온화해 보였는데, 삭발을 한 점으로 미뤄보아 중생 구제를 위해 이곳저곳으로 다니며 유세(遊說)하시는 비구 스님임이 분명했다. 그는 바로 부처님의 제자인, 아누룻다라는 큰 스님이었다. 스님은 수다타의 솔직한 대답과, 그 깨끗한 얼굴빛과 생김새를 보고는, 마치 자기 아들의 행동을 변명해 주려는 아버지처럼 말했다.

"아마, 토끼고기가 필요했던 게지?"

그러자 수다타는 얼른 대답했다.

"아. 아닙니다. 요즘처럼 새끼 낳는 철에는 토끼를 잡을 수 없습니다. 저는 별 생각 없이 습관대로 그랬던 겁니다. 토끼는 아주 빨리 뛰기 때문에 그걸 쫓아가 잡을 수 있는 사람은 몇이 안 되거든요."

"저어. 이런 걸 한번 생각해보면 어떨까? 어떤 맹수가 자네의 가축들을 해치고 난 뒤, 자네가 그 가엾은 토끼를 죽이려고 쫓아오듯이, 자네를 쫓아온다면?"

그는 열을 올리며 대답했다.

"설사 목숨을 잃는 한이 있어도 맞서서 싸우겠지요."

"자네는 아주 용감한 청년이군! 하지만 이런 경우도 한번 생각해보게. 그 맹수가 혹 자네의 가족을 해치고, 자네만 살려놓고 자네의 슬퍼하는 모습을 보고 즐거워한다면?"

스님의 말씀에 그는 갑자기 부끄러워졌다. 그는 지금까지 그런 생각을 해본 적이 한 번도 없었다. 자기보다 힘이 약한 자들의 입장은 전혀 생각하지 않고, 단지 재미로 아무 생각 없이 짐승들을 괴롭히곤 했었다.

스님은 마음속으로 이렇게 생각했다.

'이 청년은 착한 성품을 지니고 있다. 단지 깨우쳐 줄 만한 사람이 없었을 뿐이야. 만일 이 청년을 바른길로 이끌어주지 않으면 저 용솟음치는 기운으로 남에게 큰 해를 끼치게 될 수도 있을 거야. 그러나 이 청년에게 부처님의 가르침을 알게 해준다면, 그 왕성한 힘과 용기를 엉뚱한 곳에 낭비하지 않고 훌륭한 일을 해낼 수도 있을 거야.'

스님은 그를 향해 말했다.

"부처님께서 가르쳐 주신 말씀을 혹시 알고 있나? 그 분은 바로 이런 말씀을 하셨네."

제자들아!
사람들은 동물들의 마음을
자비로 가득 채워야 하느니라.
약한 동물이건 강한 동물이건.

그들에게 위협은 주지 마마라.
그러면 그들은

평화롭게 사는 법을
사람들한테서 배워 보여주니라.

저 토끼는 물론이고, 이 세상의 모든 생명체들은 살아가면서 자네와 똑같은 과정을 거치게 되어 있다네. 언젠가는 죽게 되고, 때로는 병에 시달리며, 세월이 흐르면 자연히 늙게 되지. 자네도 영원히 건강한 육신을 가지고 힘을 자랑할 수 있는 건 아니네. 몇 년 전만 해도, 자네는 아주 조그맣고 연약한 어린 아기에 불과했지 않았나. 만일 자네 아버지나 어머니가 따뜻하게 보살펴 주지 않았더라면, 아마 자네는 살아남지도 못했을 걸세. 자네는 옛날에 힘이 약했던 시절은 까마득하게 잊고, 앞으로 닥쳐올 일들을 생각하지도 못한 채, 지금 왕성한 힘만 믿고 있네 그려. 자네가 어머니의 젖을 빨던 시절이나, 어머니의 뱃속에서 따뜻하게 보호받고 자라던 때를 기억하지 못하듯이, 전생에 겪은 모든 일도 기억하지 못할 걸세."

스님의 말씀을 듣자 그는 크게 감동해서 말했다.

"아. 스님께서는 정말 훌륭한 말씀을 하시는군요. 그렇게 좋은 말씀을 좀 더 해 주십시오. 듣고 싶습니다."

그러자 스님은 계속해서 이야기를 해주었다.

“부처님이 되신 석가여래께서도, 역시 인생의 모든 고난을 다 겪으셨네. 언젠가 진리를 찾고 스스로를 억제하며, 자비심을 실행하심으로써, 고통의 껍질을 깨뜨리고, 각고(刻苦)의 노력으로써 완전한 깨달음을 얻어, 부처님이 되신 거라네. 말하자면, 지금은 피안에 이르셔서 완전하고 영원하며, 거룩하신 부처님이 되신 거지.

그러나 까마득히 먼 옛날에는, 그분도 미약하고 곤궁한 상태로, 이 세상에서의 삶을 사셨네. 물고기가 되어 넓은 바다에서 헤엄쳐 다니기도 하고, 새가 되어 나뭇가지 위에서 지저귀기도 하는 등, 자신이 행한 행위에 따라, 여러 가지 다른 모습으로 환생하여 살다가, 오늘에 이르셨던 거야. 또 어느 때에는 토끼가 되어, 들에서 근근이 목숨을 이어간 어려운 때도 있었다는 말이네. 자네, 이런 이야기를 혹시 들어본 적이 있는가?”

“아닙니다. 한 번도 들어본 적이 없습니다. 그 이야기를 좀 더 자세하게 들려주십시오.”

수다타는 얼른 이렇게 말하며, 스님의 이야기를 기다렸다.

2. 몸을 보시한 토끼

스님은 이윽고 이야기를 시작했다.

"그럼 내가 들은 이야기를 그대로 해주지.

옛날 어느 들판에 보디사트바(bodhisttva의 가차(假借). 부처님이 되려고 수행하는 이를 뜻한다.)라는 토끼가 되어 살고 있었다네. 모든 토끼들이 새끼를 많이 낳아 토끼들의 수가 불어나게 되자 양식(풀)이 차츰 부족해졌네. 그러자 사람들은 토끼들을 아주 큰 골칫거리로 생각하게 되었지. 그래서 토끼는 마음속으로 생각했네.

'사람들이 양식이 모자라서 곤란을 겪고 있으니 우리 토끼들도 살아남기가 힘들어질 거야. 머지않아 사람들이 식량이 부족해서, 여기 살고 있는 우리들을 모두 잡아먹으려고 할 테니, 그렇게 되면 나도 죽음을 면할 수가 없겠지. 죽기 전에 이 세상에서 조금이라도 보람된 일을 할 수는 없을까? 나는 힘이 없지만 무엇인가 세상에 도움이 되는 일을 하고 싶어. 그래야 깨달음의 경지에 조금이라도 가까이 갈 수 있게 되고, 그런 깨달음의 경지에 도달해야 피안에 이르러 영원한 기쁨과 행복을 누릴 수가 있게 되겠지. 그렇지. 피안에 가기 위해 한 번 열심히 노력해 보자. 이 세상 어딘가에 진리를 터득하고 복덕을 쌓을 수 있는 길이 틀림없이 있을 거야. 나도 부처님처럼 될 수 있다고. 끊임없이 명상하고 선량한 일을 실행하며, 지혜를 익혀 가노라면 나도 언젠가 부처님처럼 되어 남들에게 구제의 길을 일러줄 수 있게 될 거야. 부처님처럼 되면, 마음이 진리로 가득 차고 자비심이 넘쳐 언제나 남을 위해 그들의 고통을 덜어줄 수 있게 되겠지. 이 세상에 살아있는 모든 생물들과 제 나름대로 가치를 지닌 자연들까지 오롯이 사랑할 수 있게 될 거야. 나도 부처님처럼 될 수 있도록 계속 노력해야겠어. 진리는 변치 않고 영원하며 참되기 때문이야. 그러니까 오로지 부처님만을 생각하면서 굳건한 신심을 가지고 바른길로 부처님이 되는 수행을 해 나아감은 정말 가치 있는 일이지. 진리는 고통을 덜어주고 우리를 선량한 길로 인도해 주거든. 삶의 고통에서 벗어날 수 있는 해탈의 길을 깊이 생각하던 그는 다른 토끼들에게 앞으로 닥쳐올 위험을 경고해 주기로 마음먹었다네.

그래서 다른 토끼들에게 삶은 덧없다고 말하면서 한편 절제하는 마음을 먹고 금욕적인 생활을 하여 커다란 즐거움을 누리도록 하라고 일러주었지. 그러나 다른 토끼들은 그의 말을 도무지 들으려고 하지도 않더란 말이야. 오히려 빈정대면서 놀려댔지 뭔가. '보디사트바'야. 너나 가서 선량한 일을 하렴. 진린가 뭔가 하는 말을 부르짖으면서 한 번 죽는 시늉이라도 해보면 어때? 네 말마따나 남을 위해 죽어서 내세엔 아주 근사한 모습으로 환생해 보라고. 괜히 우리들한테 그 따위 시시콜콜한 설교를 할 생각일랑 말고. 우리는 목숨을 지극히 아끼고 있을 뿐만 아니라, 진리니 영원한 기쁨이니 하는 따위의 꿈같은 소리보다는 좀 더 현실적인 내용, 우리는 눈으로 보고 귀로 듣고 직접 피부로 느낄 수 있는 즐거움을 훨씬 더 좋아하니까. 여기 이렇게 많은 옥수수와 풀과 밀이 있고 온갖 종류의 과일이 지천으로 널려 있어서 우리 입을 즐겁게 해주는데, 도대체 무엇이 걱정이라는 거야? 우리는 모두 행복하게 잘 살고 있으니까 네 걱정이나 해.' 하지 않았겠나. 그러던 어느 날 어떤 수행자가 해탈을 이루기 위해 선정을 익히려고 그 숲속으로 들어갔네. 그 수행자는 추위와 배고픔에 몹시 고통스러워하고 있었어. 그는 우선 추위를 견디기 위해 모닥불을 피워놓고, 손을 쬐면서 아래와 같이 방백(傍白:영화나 연극에서 관객은 듣고 화면이나 장면에 등장하는 배우는 듣지 못하는 극중에서의 대사.)으로써 한탄을 했지. '나는 정신통일을 이루어 해탈을 얻기도 전에 죽어버리고 말 거야, 어떤 음식도 먹지를 못했으니 굶어 죽을 수밖에….'

토끼는 어려운 처지에 있는 그 수행자를 보자 혼자 이렇게 중얼거렸네. '이 분은 지금 죽으면 안 돼. 이 분은 지혜로운 분이기 때문에 어둠 속에서 방황하는 많은 중생들의 빛이 되어줄 거야. 내가 이 분의 음식이 되어 주린 배를 채워드려야지.' 이렇게 생각한 토끼는 얼른 불 속에 뛰어들어 스스로 수행자의 음식이 되어주었네.

그 일이 있은 후 얼마 안 가서 마을 사람들은 양식이 거의 바닥이 났네. 그러자 그들은 토끼들을 잡기 위해 여러 방법을 세우고 즉시 실행으로 옮겼지. 마을 사람들이 모두 합심해서 토끼들을 한 곳으로 몰아넣은 뒤, 헤아릴 수 없이 많은 토끼들을 몽땅 잡아먹었지 뭔가."

3. 이상향은 어딘가

아누룻다 스님은 토끼이야기를 모두 마치고, 수다타에게 이렇게 말했다.

"살아감은 바로 죽어 감을 의미하네. 숨을 쉬며 활동을 하는 모든 동물(사람도 포함한 일체 생명체)들은 언젠가는 반드시 죽게 마련이거든. 죽음을 피할 수 있는 동식물은 이 세상에 어떤 동식물도 없지. 말하자면 이 세상 모든 현상 하나하나는 여러 가지 필요한 원소가 모여서 유기적으로 조화를 이루어 구성된 생물체이고, 그렇게 융합되어 생겨난 생물체는 때가 되면 다시 흩어져 소멸해 버린다는 얘기네. 하지만 그 중생들이 활동한 행위(업)의 힘은 영원히 소멸되지 않네. 행위의 힘은 영원히 남아 있지. 이 말씀이 바로 부처님 말씀 중 가장 중요한 내용이라고 할 수 있네. 누구든 죽음을 두려워하지 않고, 자신을 우주나 세계나 국가나 민족이나 사회나 한 개인을 위해 던질 수 있는 이는, 영원히 살 수 있게 되며, 피안의 경지에 도달할 수 있게 되지."

"피안이 무엇입니까?"

그가 묻자 스님은 부처님께서 하셨던 말씀을 인용하여 다음과 같이 설명해주었다.

"피안은 영원히 행복한 삶을 누리는 인류의 이상향(理想鄕)이네. 거기에 가려면 부정적인 욕망의 불을 모두 꺼야 하네. 미움과 헛된 망상의 불꽃이 꺼질 때에 피안이 나타나기 때문이지. 자만심과 아집, 혹은 그 밖의 다른 허물로 인해서 빚어지는 마음의 고통이 사라질 때, 비로소 이상향에 도달하는 거네."

수다타로서는 처음 들어보는 스님의 이 같은 말씀에 좀 어리둥절해졌다. 그의 표정에서 이러한 사실을 눈치챈 스님은 좀 더 자세히 설명해 주었다.

"내가 있다는 망상이나 '나'와 '나의 소유'만 만들려는 욕심과 젠체하는 생각에 사로잡혀 있는 사람은 피안의 기쁨을 맛볼 수 없을 뿐만 아니라 이해조차도 하기 힘들지. 이 세상에 존재하고 있는 현상은 모두 일시적인 가상(假象)이며, 본질은 텅비고 거짓으로 된 여러 가지 허망한 물질이 융합(融合:여러 가지 물질이 녹아서 하나가 됨.)되어 생겨난 현상이니, 언젠가는 소멸하여 본래 상태(없음)로 되돌아가고야 마는 법이네. 우리가 눈으로 볼 수 있는 모든 사물은 그 자체의 원소에 의하여 형태가 결정되는 가상이며, 모든 사람들은 자신이 쌓아온 행위의 결과에 의해서 점점 변화되어 오늘의 모습을 가지게 되었지. 존재를 구성하고 있는 요소(四大:흙・물・불・바람)들은 흐르는 강물처럼 끊임없이 변화하는 물체여서, 영원한 실체(實體)나 변하지 않는 궁극적 알맹이란 있을 수 없다는 뜻이네. 따라서 절대불변하며 영속적인 형체를 지닌 존재도 아니요, 절대불변하며 영속적인 무엇을 지닌 물질도 아니며, 특정한 개체로서 존재함도 아니라네. 그러나 그중에 변화하지 않고 죽지도 않으며 언제까지나 사라지지 않는 무엇이 있으니, 그 무엇은 세상에서 가장 중요하며 가장 의미가 깊고 고귀하다고 할 수 있지. 그 무엇은 의식적이거나 물질적인 무엇은 아니네.

그렇다면 그 무엇이란 무엇이겠나? 죽지 않는 무엇, 이 우주의 현상과 불가분(不可分)의 관계에 있는 보편적으로 존재하고 있는 무엇, 불변하며 영원한 무엇, 그 무엇은 바로 보리[菩提: Bodhi의 가차. 부처님의 지혜를 깨닫기 위한 이치의 길.]네. 최상으로 진・선・미(眞・善・美)한 이상적인 상태의 세계가 보리네. 그 진 · 선 · 미는, 언제나 같은 상태에 있는 깨달음이라거나, 완벽한 부처님의 지혜라거나, 다시는 없어지지 않는 도리라는 등의 이상적인 세계로써 모든 진리의 집합체네. 지혜로운 사람은 말을 할 때나 행동할 때 언제나 이 진리에 입각해서 말하네. 진리란 종합적이지도 않고 단일한 사실도 아니며, 눈 등 감각으로 알아차릴 수 있는 대상도 아니고, 그 어떤 생물체의 궁극적인 요소도 될 수 없을 뿐만 아니라, 신도 아니고 동물도 아닌 피안의 세계라네. '보리'라는 말을 만일 '무'(無:없음, nothing:이 세상은 텅 비어 있어 아무런 존재도 없다.)라는 말로만 표현하는 말이라면 바로 '없다'로 표현할 수밖에 없는 게 보리[이치]라네.

그러나 '없다'라는 말을 '존재하지 않는다.'라는 뜻(non-existence)과 같은 의미로 착각하면 곤란하네. 왜냐하면 만약 영원불멸하는 피안의 세계가 이 세상에 존재하지 않는다면 고통에서 벗어날 수 있는 길도 있을 수가 없기 때문이지. 보리가 환상에 불과한 말이라면 깨달음이라는 말도 있을 수가 없게 되거든. 뿐만 아니라 피안에 도달할 수도 없고, 부처님도 아예 있을 수가 없게 되지 않겠나?

어떻게 부처님이란 분이 세상에 나타나 '중생 제도' 운운할 수 있겠는가? 그러나 부처님이 분명히 세상에 오시지 않았나? 삶이 무상함을 깨달으시고 '모든 번민은 '자아'에 집착하는 데서 빚어진다'라는 진실을 깨달으셨으며, 이 보리를 성취함으로써 해탈할 수 있다는 방법을 깨우치신 뒤 우리에게 그 방법을 가르쳐 주셨네. '바른 도리'[正義:올바른 도리. 불전에서 '정의'는 바르고 올은 바른 도리로 풀이 한다.]를 향하는 여덟 가지 겹겹의 길〔八正道〕에 서서, 진심으로 빛을 찾아 헤매는 이들을 인도하셔서, 그 고귀하고 빛나는 이상향에 이를 수 있도록 가르쳐주셨네."

스님의 이야기를 듣고 난 뒤 이번에는 그가 입을 열었다.

"스님에게 가르침을 베풀어 주신 석가모니라는 분이 위대한 분이긴 하지만, 여기 쿠두라가라에서 존경받기는 어려울 겁니다. 왜냐하면 우리는 모두 옛날부터 전해오는 브라만교의 신자들이기 때문에 부처님을 섬길 사람은 아무도 없거든요. 아! 하지만 석가모니를 매우 칭송하는 사람이 우리 마을에도 딱 한 분이 있기는 합니다. 바로 마하 수부티라는 촌장님이지요. 그분은 빔비사라 왕의 친구며 또한 이 마을의 촌장과 재판장의 직무를 맡고 있습니다. 마을에 들어가 그분을 찾아가신다면, 아마 틀림없이 스님을 환대해 줄 분입니다. 그분은 부처님의 제자는 아니지만 부처님과 연분이 있는 사람이지요. 우연한 기회에 부처님과 만나게 되어 섬기게 되었다고 하더군요. 왕궁에서 그분이 고타마를 뵈었을 때, 이렇게 말씀하셨더랍니다."

'브라만 신이 만일 이 세상에 내려오신다면 틀림없이 부처님과 똑같은 모습을 하고 오실 겁니다. 왜냐면 아무리 천신이라도 부처님보다 더 당당하고 더 고귀한 모습을 할 수는 없기 때문이다'라고 말입니다.'

4. 시주를 만나다

프레시피스에 있는 브라만 마을, 쿠두라가라로 들어섰을 때, 아누룻다 스님은 잠시 머뭇거리며 마음속으로 생각했다.

'어떻게 할까? 촌장의 집으로 가볼까? 아니면 우리의 계율대로 한집한집 다니면서 걸식을 할까?

몸을 곧게 세우고 눈을 내리깐 채 왼손에 시주(施主:물건을 주는 사람)한테 음식을 받는 그릇(바리:스님들이 동냥을 받는 밥그릇)을 들고 그는 마을 어귀 첫째 집의 문 앞에서서 참을성 있게 시주를 기다렸다. 그러나 아무도 문 앞에 나타나지를 않았다. 그러자 그는 마른 몸을 서서히 움직여 다음 집으로 향했다. 많은 사람들이 그에게 시주하기를 거부했을 뿐만 아니라 조롱 섞인 말이나 욕을 퍼붓기도 했다. 스님에게 음식을 조금 시주해준 사람들조차도 스님을 이교도라고 불렀다. 그러나 그는 '나'라는 마음을 모두 버렸기 때문에 불쾌해하지 않고, 오히려 그들이 복을 받도록 축원했다. 끼니를 겨우 때울 수 있을 만큼의 음식이 모이자, 스님은 공양을 하기 위해 숲 속을 향해 걸어갔다. 스님이 마을 광장을 막 가로질러 가고 있을 때 마을회관의 문 앞에 고귀하게 생긴 브라만 노인이 나타나 스님을 불러 세웠다.

"저를 좀 보시지오. 성자(聖者)님은 혹시 부처님의 출가제자가 아니십니까?"

그러자 스님은 공손히 반 합장을 하며 대답했다.

"네. 저는 아누룻다라고 하는 부처님의 제잡니다."

"아! 그러세요? 전에 당신 이름을 들은 적이 있어요. 라자가하에서 부처님을 뵌 적이 있었는데, 그때 부처님께서 경탄을 하시며 당신 이야기를 하시더군요. 부처님의 가르침을 완전히 깨달았을 뿐만 아니라 수행에도 철저하시다구요. 스님이 정말 아누룻다라는 스님이라면, 저희의 집으로 꼭 모시고 싶습니다. 저와 함께 저희의 집에 가주신다면 더 큰 영광이 없겠습니다. 우리 집에서 식사를 하시고, 내일 제 딸의 결혼식에 참석하셔서 자리를 빛내주신다면 더욱 영광스럽겠습니다."

수부티의 이러한 말에 스님은 다음과 같이 대답했다.

"촌장님. 오늘은 그냥 숲 속에서 혼자 식사를 하게 허락해주십시오. 그 대신 내일 따님의 결혼식에 꼭 참석하겠습니다."

"아! 네. 그럼 그렇게 하시지요. 언제든지 오시기만 하신다면 저는 기꺼이 쌍수로써 환대하겠습니다."

5. 옛날 인도인의 결혼 풍속

촌장의 저택은 오색 깃발과 화환으로 장식되었고, 화덕 건너 편 쪽에 있는 뜰에는 대나무로 신방을 지었다. 마을 사람들은 모두 문가에 서서 그 광경을 지켜보고 있었다.

옛날부터 인도에는 희한(稀罕:드물다.)한 악습이 있었다.

양가에서 결혼을 하기로 결정하면, 결혼식을 하기 전에, 신랑이 될 사람은, 네 개의 흙덩이에, 네 가지 물건을 넣고, 신부가 될 처녀에게 네 개 흙덩이 중에 한 개를 고르게 했다. 네 개 흙덩이 안에는, 씨앗과 제단의 흙과 마구간의 물건과 시궁창의 흙을 넣었다. 이 네 개 중에 시궁창의 흙이 든 흙덩이를 고르면 결혼을 하지 않았다. 촌장의 딸은 제단의 흙이 든 흙덩이를 골랐다. 자손 가운데 누구든지 반드시 인도의 최고 계급인 제사장이 된다는 믿음이 있었다.

신랑인 수다타는 예복을 입고 친구들과 함께 나타나 신부의 아버지 앞으로 공손히 다가갔다. 그러자 그 덕망 높은 브라만 촌장은 신랑을 친절히 맞이하여 그를 집안의 제단 앞으로 데리고 갔다. 그곳에는 신부의 어머니와 외아들 카카야나가 함께 자리하고 있었다. 촌장은 거기서 신랑의 손에 감로수(甘露水:인도에서는 남에게 자기 소유를 양도할 때 깨끗한 물〔감로수〕을 상대방의 손에 부어주는 풍습이 있었다.)를 수다타의 손에 부어주고, 자기 딸인 신부에게는 신부복과 값비싼 머리 장식과 그리고 보석으로 만든 목걸이를 목에 걸어주었다.

촌장은 하객〔賀客〕에 둘러싸인 신랑에게 말했다.

"브라만 아버지가 순수한 브라만 혈통을 이은 딸의 신랑감으로서 브라만 부모를 모시고 있던 합법적인 아들을 선택하여, 브라만의 의식에 따라 두 사람을 결혼시키는 예식은 마땅한 일이다. 수다타야. 그대는 이 신부에게 가장 어울리는 훌륭한 청년이므로 내 딸은 그대를 선택하였다. 그대는 브라만 계급으로서, 등과 무릎·목·어깨가 건장하며 머리숱이 많고 피부가 희며 걸음걸이가 바른데다가 음성 또한 맑다. 그대는 베다 경전에도 박식하고 덕행을 실천하는 데도 게으르지 않으며, 그대 부모님들 또한 온 마을 사람들의 존경을 받았던 분들이었으므로, 그대는 내 딸의 훌륭한 남편으로서의 모든 의무 또한 다할 수 있으리라 믿는다. 지금 내 딸이 그대의 합법적인 아내가 되어 즐거울 때나 괴로울 때나 풍족할 때나 곤궁할 때나 오로지 그대에게 충실하며, 머지않아 그대에게는 아이들이 생길 터인즉, 자자손손이 양쪽 집안 조상들의 이름을 빛나게 하라. 자, 신부가 예복을 입고 모든 채비를 다 차렸으니 가서 그녀를 맞이하여 그대 두 사람의 새 삶을 시작하도록 하라."

예식은 그 지방의 관습에 따라 차근차근 진행되었다. 제사장이 만다라(비밀스러운 주문)를 외우고 있는 동안 신부의 아버지는 술을 따라 제단에 올렸다. 신랑은 신부의 손을 잡고 함께 반석 위에 올라섰다. 그리고는 제단의 일곱 계단을 순회하는 의식을 치렀다. 그것은 이 두 사람이 평생의 반려자로서 어떠한 운명의 변화가 오든지 고락을 함께 하겠다는 약속을 맹세하는 의식이었다.

결혼식을 마친 뒤 신랑 신부는 선두에 서서 신랑 들러리이며 신부의 남동생이기도 한 카카야나와 신부의 들러리들, 그리고 그 밖의 많은 축하객들의 대열을 이끌고 장차 신부의 집이 될 신랑의 집을 향해 떠났다. 제물을 태웠던 제단의 불을 화로에 담아 든 젊은 보좌 사제와 제사장이 신랑신부 행렬에 끼어 있었다.

결혼 행렬이 거리를 지나가자 마을 사람들은 그들을 환호하며 쌀을 머리 위에 뿌려주면서 두 사람에게 브라만 신의 축복이 내리기를 기원했다. 신랑 집에 다다르자 신랑은 신부의 손을 잡고 함께 대문에 들어섰다. 그리고 제단에서 가지고 온 불로 새 화로에 불을 지폈다. 신랑 신부는 함께 성스러운 불(火)의 주위를 세 번 돌았다. 그렇게 하고 나서 그들 앞에 펼쳐 놓은 쇠가죽 위에 앉았다. 친족 중에서 뽑은 서너 살 되는 어린아이 한 명이 신부의 무릎 위에 와서 앉았다. 돌아가신 신랑의 아버지와 형제간인 덕망 높고 연로한 제사장이 새 부부를 위해 기도했다.

"이 집 화로에서 거룩하게 타오르고 있는 불이여! 여기 앉은 이 신혼부부를 축복하소서! 이들의 자녀가 훌륭한 인물로 자라서 복된 나날을 맞이할 수 있도록 살피소서! 이 신부에게 은총을 베푸셔서, 건강한 아이의 어머니가 되게 하시며, 튼튼한 아이들의 얼굴을 언제나 마주 대할 수 있게 해주소서!"

마지막으로 신랑이 볶은 보리를 한 줌 가지고 와서 약간의 보리를 신부의 손에 쥐어 주면서 말했다.

“불이여! 한데 모은 우리의 손과 마음에 축복을 내리소서!”

부부는 볶은 보리를 불에 던졌다.

6. 어떤 게 행복인가

결혼식을 마친 뒤 촌장은 손님들을 초대하여 음식 대접을 했다. 촌장은 손님들 중에 앉아 있는 아니룻다 스님을 발견하고 곁에 가서 손을 잡고 일으켜 자기의 옆자리로 모셨다. 손님들은 모두들 즐겁게 식사를 했다. 어둠이 깔리고 달이 떠올라 밝은 빛을 비춰주고 공기도 서늘해지자, 그들은 커다란 보리수 밑으로 자리를 옮겨서 이야기를 나누기 시작했다. 그들은 신의 은총과 나라의 영광을 저마다 이야기했고, 그때 촌장은 스님에게 다음과 같은 말을 했다.

"석가족의 성자이신 석가여래를 나는 매우 훌륭한 분으로 생각하고 있습니다만, 우리 마을 사람들에게는 그 분의 가르침이 잘 받아들여 지지 않을 겁니다. 왜냐하면 그 분의 가르침은 고통스런 생활에 억눌린 사람들에게나 걸맞을 가르침이거든요. 그분의 말씀은 지치고 병들고 슬픔에 잠긴 사람들에게 해탈의 길을 가르쳐주니까요. 행복하고 건강하며 힘이 넘치는 사람들에게는 그의 가르침은 조금의 감동도 줄 수 없습니다. 다시 말하자면 약이 전쟁에서 패배한 부상병 같은 사람들에게는 치료제가 될 수 있지만 승자에게는 아무 소용없으며, 경우에 따라서 어떤 사람에게는 오히려 부담이 될 수도 있듯이 말씀입니다."

그러자 이번에는 스님이 말했다.

"부처님의 가르침이 고통스런 생활 속에서 신음하고 있는 사람들을 위한 가르침이라는 말씀은 틀림없는 사실입니다. 지친 자들에게 '의지할 곳을 마련해주신다'라는 그 말씀은 고통으로부터 벗어나 건강하고 행복하게 살 수 있도록 인도해 준다는 뜻이지요. 물론 행복하고 건강하며 힘이 넘치는 사람들은 다른 안식처나 도움이나 혹은 약 따위가 필요 없는 법입니다. 그러나 과연 누가 진정 행복하고 건강하며 힘이 넘치는 사람일까요? 영원히 병들지 않고 영원히 슬프지 않으며 영원히 늙지 않고 영원히 죽지 않을 수 있는 사람이 이 세상에 단 한 명이라도 있다는 말씀입니까? 만일 그런 사람이 있다면 그는 정말 행복한 사람이라고 할 수 있겠지요. 그리고 그런 사람에게는 해탈이나 구제와 같은 가르침이 그야말로 불필요하지요. 사실 제가 보기에도 여기 모인 분들은 무척 행복해 보입니다. 그렇지만 과연 이 행복이 언제까지나 흔들리지 않고 계속될 수 있을까요? 어려운 시련이 닥쳐왔을 때나 죽음을 눈앞에 둔 순간에도 모든 분들이 과연 마음의 안정을 유지할 수 있을까요?

참된 행복을 얻을 수 있는 이는 죽음이 없는 피안에 이른 분들 뿐입니다. 세속의 작은 유혹을 초월함은 물론, 잘난체하는 오만에서 벗어난 사람뿐입니다. 세속적인 만족만을 가지고 곧 행복이라고 여기는 마음은 매우 이치에 맞지 않는 생각이지요. 왜냐하면 이 세상 모든 현상은 다 변화하기 때문입니다. 변화하는 사물에 대한 집착이 없어야 진정한 행복을 얻을 수 있지요. 다시 말해서 부처님의 가르침에 뿌리를 둔 내용의 진리를 제외하고는 이 세상 어디에도 참 행복은 없다는 말씀입니다.

부처님께서는 세상의 욕망에 푹 빠져 자기가 행복하다고 착각하고 있는 사람들에게 눈을 바로 뜨게 하여 그들의 내부에 도사리고 있는 위험과 고통의 함정을 볼 수 있게 해주셨습니다. 물고기가 미끼를 발견했을 때에는 자신이 행복하다고 생각하지만, 낚시 바늘이 턱에 박히는 순간 바로 아픔과 위험과 불행을 알게 되듯이 세상 사람들도 다 마찬가집니다.

그리고 자기만의 행복을 위하여 안달하는 사람은 언제나 두려움에 떨고 있기 마련입니다. 자기 이웃들의 불행을 남의 일로만 여기고 지나쳐버릴 수도 있지만 인간은 모두 '죽는다'라는 같은 운명을 지니고 있다는 사실을 언젠가는 깨닫지 않을 수 없습니다. 그러므로 죽음을 두려워하지 않고 태연히 받아들일 수 있는 사람이야말로 정말 행복한 사람이라고 말할 수 있습니다. 왜냐하면 죽음을 극복한 사람은 어떠한 고난이 닥쳐와도 평온한 마음으로써 살아갈 수 있기 때문입니다. 그런 분은 잘난체하는 교만과 탐욕과 성냄과 어리석음이 가상(假象:거짓 현상)이라는 사실(事實)을 확실히 깨우친 경지에 도달하셨기 때문입니다. 다시 말해서 해탈한 경지에 이르셨기 때문입니다."

그 말을 듣고 있던 수다타가 신부의 손을 잡고 말했다.

"저는 고타마 붓다의 가르침은 절대로 따르지 않겠습니다. 피안에 이르려고 신랑이 자기 신부 곁을 떠나는 게 말이 됩니까?"

수다타가 이같이 말하자 스님은 다시 말을 이었다.

“자네는 부처님의 가르침이 자네를 결혼 첫날부터 신부와 생이별을 하게 만든다고 잘못 생각하고 있는데 결코 그런 뜻이 아니라네. 부처님께서는 세상이 온통 옳지 못한 일들로 가득 차 어둡게 되어 버렸기 때문에, 세상 구제를 위해 처자를 버리고 고행의 길에 오르신 걸세. 그래서 죽음을 초월한 피안의 경지에 들어가시게 되자마자 한 가지 목적에 전념하시게 되었지. 그것은 바로 사람들에게 바른길, 밝은 해탈의 길을 터득하게 해 고통에서 벗어나라는 내용이네. 물론 우리 비구들처럼 그 분을 따라 부모 · 형제 · 처자를 떠나 출가제자가 된 사람들도 많네. 그분의 가르침 덕분에 우리는 아집(我執)에서 벗어날 수 있었고, 우리 자신만을 위해서 노력하는 대신, 모든 사람〔모든 생물 포함〕들의 영원한 행복을 위해서 노력할 수 있는 거네. 우리들의 신조를 한마디로 표현하면 ‘아나타바도’라고 할 수 있는데, 이 ‘아나타바도’란 말은 ‘자기만의 안정과 자기만의 행복을 추구하지 않는다’라는 뜻이라네.

해탈을 얻어 세상사에 걸림이 없이 자유롭게 된다는 일은 세상과의 관계를 완전히 끊어버린다는 뜻이 아니고 어리석은 '자아'를 버려야 한다는 사실을 말하네. 세속과 인연을 끊고 멀리 떨어진 곳에서 혼자 산다 할지라도 만일 마음속에 자신만을 위한 행복을 추구하려는 욕구가 계속 남아 있다면, 진정한 자유를 얻었다고 할 수가 없다는 거네. 하지만 반대로 세속에 섞여 생활한다 할지라도 '나'와 '내 소유'에 대한 집착을 모두 떠날 수 있다면 그는 참 자유를 얻을 수 있게 되지. 그와 같이 크고 완전한 자유를 얻는 경지가 바로 피안이고 이상향이라네.

그러므로 참된 행복을 얻고자 하는 사람은 세속적인 모든 욕심을 모두 버리고 깨달음을 얻기 위해 노력하지 않으면 안 된다네. 집에서 해야 할 일이 있는 사람은 집에 남아 그 일을 열심히 해야 되지. 부처님께서 이렇게 말씀하셨거든."

부모를 잘 봉양하고
아내와 자녀를 잘 부양하라.
이것이 바로 사랑의 실행이며
신성한 임무의 이행이니라.

거기 진실로 큰 기쁨이 있으니
자비를 실행하기에 힘쓰고
친족은 물론 주위 사람들과
화목하고 정성스레 대하라.

이것은 바로 부끄러움 없는
삶을 향해 나아가는 길이니
진실로 큰 기쁨이
바로 순진純眞] **함에 있느니라.**

자신을 억제하고 지혜롭게 행동하며
네 가지 거룩한 진리[四聖諦]를 터득하라.
이 모두가 바로 피안에 이르는 길이니
진실로 가장 큰 행복이 여기에 있느니라.

7. 자아(自我)란 무엇인가?

“불교의 신앙이라는 말은 바로 브라만 교도들의 신앙을 부인하는 내용밖에는 되지 않습니다. 브라만교의 신성한 기도와 제사를 사악한 의식이라고 부인하고, 깨닫기만 하면 그 깨달은 힘으로써 충분히 자신을 구제할 수 있고, 다른 사람들도 구제해 줄 수 있다는 주장을 하고 있지 않습니까?”

“부처님께서 브라만교의 전체를 부정함은 아니네. 부처님의 가르침을 제대로 이해하고 있는 사람이라면, 그분은 바로 개혁자(改革者)라는 사실을 금방 알게 될 거야. 그분은 우리에게 더 높고 더 깊은 진리를 가르쳐 주신 분이라네.”

이번에는 수다타가 말했다.

“‘자아’의 존재를 부정하는 말씀은 모든 신앙을 파괴하는 행위입니다. 그게 어찌 더 높은 신앙을 가르쳐 준 가르침이 됩니까?”

그러자 스님이 물었다.

"자네는 '자아'가 무엇이라고 생각하는가?"

베다 경전을 잘 알고 있는 수다타는 스님의 질문에 즉시 다음과 같이 대답했다.

"'자아'라는 존재는 영원불변하는 자기를 말하며, '자아'에 의해서 우리는 생각을 할 수 있게 됩니다. 즉 '나'라고 말할 수 있는 특수한 존재를 '자아'라고 말하지요."

"'자아' 혹은 '나'라고 하는 자체는 무엇인가? '나'라고 할 수 있는 무엇이 나에게나 자네에게, 또 그밖에 살아있는 모든 존재들에게 분명히 있기는 있네. 그렇지만 우리가 흔히 '나'라고 말할 때, 그 '나'는 단지 말로 하는 표현에 불과할 뿐이네. 우리 마음속에 자리하고 있다는 모든 말이나 생각들이 그러하듯이, '나'라는 똑 같은 말을 우리는 한평생 내내 변함없이 사용하고 있지만, 그 의미는 항상 같은 '내'가 아니라네.

그것은 어린아이였을 때, '나'라는 의식이 생기기 시작하여 소년이 되었을 때, 처음으로 밖으로 표현되고, 어른이 되고 노인이 되고 그때마다 달라지는 '나'지. 말 자체는 똑같은 '나'지만 그 근본 의미는 '변함의 연속선 위에 드러나 있는, 끊임없이 변화하는 '나'란, 실체가 없다는 말일세.

따라서 '나'라고 하는 자아는 영원히 계속되는 '나'도 아니고 불변하는 '나'도 아니며 신성하지도 않고, 요가 철학자들이 말하는 '참된 나(眞我)'도 아니라네.

'나'라고 말하는 사람의 기분 · 감각 · 감정 · 생각 · 소원함 등을 포함한 그 사람의 모든 의식과 행동, 즉 물질적 현재 상태와 정신적 현재 정황(情況:사물의 정세와 지금 형편)까지 통틀어 일컫는 말이 '나'지. 마치 차틀 · 엔진 · 핸들 · 타이어 · 에어컨 · 문짝 등등과 같은 여러 부품을 조립하여 기능을 할 때 통칭하여 '자동차'라고 말하듯이 말일세."

그러자 수다타는 이렇게 대꾸했다.

"고타마는 영혼의 존재를 부정하는 이단잡니다. 뿐만 아니라 그 말에 일관성도 없어요. '내가 없다(無我)'라는 주장을 하면서도 환생이라든지 내세라든지 불멸한다든지 하는 이야기를 하니까요."

"잠깐, 생각해 보게나, 수다타. 말 자체만을 가지고 시비할 게 아니라 부처님께서 가르친 올바른 뜻을 잘 이해하도록 노력해 보자고. 부처님께서는 자네가 불변하는

'나'로 잘못 생각하고 있는 자신 즉, '자아'를 환상이며 한갓 꿈이라고 하셨네. 따라서 '자아'에 집착을 하게 되면, 언제나 자신의 행복에만 연연해하는 이기주의에 빠지게 되는 거라네. 나는 지금 자네가 '자아'에 대해 잘못 알고 있다는 말을 한 말이지, 우리가 '사람'이라고 말할 수 있는 '사람'이 아예 없다고 말한 내용은 아니네.

내가 말하고자 하는 '자아'는 사람이 어떤 성격, 어떤 사고, 어떤 행위 등에서 별도로 찾고 있는 게 아니라, 그 성격 · 그 사고 · 그 행위 등을 하는 자체가 바로 그 '사람'이고 바로 그 '자아'라는 말이네.

수다타. 자네에게 생각을 하게 만들고 자네의 성격을 형성시켜 주는 어떤 주체가 자네 내부에 따로 존재하고 있는 게 아니네. 자네의 성격 · 사고 · 행위를 하는 그 자체가 바로 자네 '자아'지. 자네의 성향 · 마음먹기 · 의지에 따라 행위를 하는 자체가 바로 자네란 말일세. '자네가 따로 있다'라는 생각을 할 게 아니라, 생각하고 사고하는 자체가 바로 자네라고."

"그렇다면 '나'라고 생각하는 주체는 '무엇'이란 말입니까?"

"바로 그 점이 자네 생각의 모순점이라네. 생각하는 그 생각이 바로 자네 자신이라는 사실을 바로 알아내야 하네. 사람에게 어떤 감정이나 충동을 조장하는 주체가 따로 있어서 사람의 마음이나 영혼이나 육체를 지배하고 있는 게 아니라, 그 감정이나 충동하는 자체가 바로 '자아'며, 그 '자아'가 '자아'를 다스린다. 이런 말이며, 그 '자아'를 '나' 또는 '마음' '영혼' '정신' '성령'이라고 말하지. 그러므로 감정이 감정을 일으키고 생각이 생각을 낳고, 사고가 사고를 일으키고, 영혼이 영혼을 마음이 마음을 정신이 정신을 성령이 성령을 생기게 하는 거지. 그걸 일으키는 별도의 '자아'가 따로 있는 게 아니야.

따라서 사악한 생각이 마음속에 자라나게 되면, 흡사 폭풍우에 시달리는 배처럼 '나' 또는 '마음' 또는 '영혼'이나 '정신'이나 '성령'이 어지러워지게 된다네. 하지만 깨달음을 얻고자 하는 열망이 커지면 언젠가는 피안의 세계에 도달하여 모든 환상이 사라져 버리고 잔잔하고 고요한 호수처럼 평온하게 되지.

우리가 어떤 행위를 하였을 때, 행위의 움직임 자체는 사라져버리지만 행위에 의해 만들어진 결과물은 계속 남아 있다네.

그것은 마치 어떤 사람이 글을 썼을 때, 글을 쓰는 동작이 끝나더라도 쓴 글과 글의 내용은 남아 있음과 같네.

그렇게 볼 때 미래의 우리 모습을 결정하는 데 있어서, 지금 하는 행위가 가져다주는 연속성(連續性)보다 더 적당한 요인이 있을 수 있겠나? 그러니까 자비심과 선량함과 올바른 생각 등을 키우도록 하게. 깨끗한 사고를 하고 선량한 행위를 하면서 사는 사람은, 비록 그 육신은 죽어도 영원히 살게 된다네. 그런 사람은 좀 더 높고 좀 더 고귀한 존재로 환생하게 되며, 마침내는 피안에서 행복과 기쁨에 젖게 되네. 왜냐하면 육신은 다시 살아날 수 없더라도, 살아있을 때 했던 그 행위에 따라 만들어진 사고의 틀[潛在意識]이 다시 발전되어 있는 환생을 부추겨 다음의 '나'를 야기(惹起)하기 때문이지. 결국 부처님께서 가르치신 내용은 착[善]한 행위는 부지런히 열성적으로 하고, 게으르고 탐욕스러우며 헛된 욕망에서 비롯된 나쁜 행위는 절대로 하지 말아야 한다는 거네."

그러나 아직도 '자아'에 관한 브라만의 가르침을 굳게 믿는 수다타의 마음은 흔들리지 않았다. 아니 오히려 그는 그 어느 때보다도 확고하게 믿고 있었다. 왜냐하면 그들이 믿는 브라만교의 모든 중심이 바로 그 '자아'(내가 따로 있다는 견해)에 근거하고 있다고 해도 과언이 아닐 만큼 '자아'는 중요한 의미를 지니는 내용이기 때문이다. 그래서 그는 이렇게 외쳤다.

"'자아'가 없이 하는 행위가 도대체 어떻게 있을 수가 있습니까? '내'가 기뻐하지 않는다면 기쁨이 어떻게 생길 수가 있겠어요?"

이와 같은 수다타의 이야기를 듣고 있던 스님의 표정은 그 어느 때보다도 심각해졌다. 스님은 잠시 후 다음과 같이 말했다.

"부질없는 향락을 추구하는 '마음' '영혼' '정신' '자아' '성령'이 꼭 있다는 생각을 떨쳐버리게. 그리고 내 행위 자체에 관심을 두고 생활하게. 왜냐하면 모든 행위 자체가 모든 존재들이 만들어낸 '내' 참 삶의 모습이기 때문이네. 모든 중생은 전생에 실행했던 행위의 결과에 따라 오늘의 상태에 이른 지금의 존재를 바로 그대들이 '자아' · '마음' · '정신' 등의 이름을 붙였네. 이전에 했던 행동이나 사고(思考)중에 아주 강력했던 사고와 강력했던 행동이 잠재하고 있다가 충분한 조건이 갖추어지면, 바로 지금의 '자아'가 되고, 이 사고와 그 행동이 환생을 거듭해 감에 따라 계속 이어지네.

육신은 죽지만 그 사고한 잠재의식이 이행한 의식은, 그 행위에 따라 변형되어 다시 더 발전되어 환생된다는 말이지. 말하자면 행위가 인격체를 형성시키는 사고조직을 서서히 변화시켜 나간다는 뜻이네. 그래서 전생에 했던 행위가 현재의 자신에 영향을 미치지.

따라서 과거가 현재를 낳고, 현재는 미래를 낳는 모태라고 할 수 있게 되는 걸세. 이것이 바로 업의 법칙이며, 행위의 법칙이며, 인과응보의 법칙이며, 이를 테면 '마음'이라 하고 '자아'라 하고 '영혼'이라 하고 '정신'이라 하고 '성령'이라는 거네."

"스님께서는 '마음' '영혼' '정신' '자아' '성령'의 가변성을 계속 부정하고 계시는군요."

스님은 다음과 같이 말씀했다.

"영혼 · 정신 · 생각 · 마음 · 자아 · 성령 등은 단순하거나 특정하지 않고 복합적인 성향을 지니고 있어. 어쨌든 '자아'가 존재한다는 환상을 버리지 않는 한, 결코 파안에는 이를 수 없지."

이렇게 말씀하는 스님의 어조는 다소 무겁고 심각하고 단호했다. 하지만 스님의 말씀을 듣고 있던 사람들은 아직도 스님의 말씀을 믿지 않았고, 그중에 카카야나는 이렇게 중얼거렸다.

"고타마의 가르침은 사실일 리가 없습니다. 만일 그게 사실이라면 그것은 매우 슬픈 사실밖에는 안 됩니다. 왜냐하면 그렇게 되면 아버지의 브라만교가 지니는 가장 큰 희망이 삽시간에 사라져 버립니다."

그가 중얼거리는 소리를 듣고 스님이 대답했다.

"겉으로 보이는 현상의 가상(假像)만을 따르지 말고, 가장 선량하고 진실함만을 선택하게. 왜냐하면 선량하고 진실함만 가장 훌륭하고 오직 영원하기 때문이네. 부처님의 가르침을 모르는 모든 인류가 선망하는 행복은 이 몸이 소멸함과 동시에 소멸하기 때문이네."

8. 촌장의 베다

수다타는 꿀 같은 신혼의 행복에 빠져 스님의 이단적인 이야기에 마음을 쓸 틈이 없었다. 만일 처남인 카카야나와 장인이 때때로 스님과 나누었던 이야기를 다시 이야기하지 않았더라면 아마 까맣게 잊어버리고 있었을 일이다.

수다타는 처남 카카야나와 장인 수부티가 계속 부처님의 종교적 혁신에 관해 자주하는 토론을 가끔 유심히 들었다.

그들은 카스트제도가 하층계급에게는 무척 불리한 법이라는 점을 인정하기는 했지만, 그 제도를 없애버리려면 수많은 사람들이 서로 고통을 감수해야 하는 등의 희생을 치러야만 한다고 주장했다. 그리고 그 제도는 말할 필요도 없이 신성한 제도라는 데에 입을 모았다. 그러나 모든 고통 받는 사람들을 동정해야 하며, 비록 그들이 하찮은 존재일지라도 소홀히 지나치지 말고 잘 보살펴 주어야 한다고 그들은 말했다. 뿐만 아니라 제사를 소홀히 하여 신의 노여움을 사는 일이 절대 없도록 해야 한다고 했다. 하지만 신들이 과연 피투성이의 제물을 제단에 바치기를 원하실까?

이와 같은 의문은 촌장과 카카야나의 마음속에서도 계속 맴돌고 있었다. 그래서 그들은 이야기를 하면서도 의혹을 지워버릴 수가 없었다.

그러던 어느 날 쿠두라가라의 촌장인 수부티가 기쁨에 찬 얼굴로 자기 아들의 서재에 와서 아래와 같은 말을 했다.

"카카야나야. 드디어 그 문제에 대한 해답을 얻었다. 야주르-베다를 읽던 중에 그 어려웠던 점들을 이해하고 모든 의문을 풀게 되었다.

정원에 있는 커다란 종려나무 잎을 따서 표백시킨 다음 글을 쓸 수 있도록 나뭇잎 끝을 잘라서 잘 다듬으렴. 잊어버리기 전에 내 생각들을 정리해 놓아야겠다."

그러자 카카야나는 기대에 부풀어서 물었다.

"아버님께서 얻으신 해답이란 큰 줄거리는 어떤 내용입니까?"

그의 물음에 촌장은 다음과 같이 설명했다.

"잘 들어라. 내가 얘기해 주겠다. 죽음은 삶의 가장 깊은 문제를 해결해주는 훌륭한 진리(眞理)라고 할 수 있단다. 불멸하는 걸 알고 싶은 사람은 죽음의 집으로 들어가서, 죽음으로부터 인생의 비밀을 배우지 않으면 안 되지. 죽음이라는 고통스러운 운명을 지니지 않고 태어나는 사람[일체현상 포함]은 이 세상에 아무데도 없거든. 그러나 죽음이라는 사실이 브라만 신을 의미하는 뜻은 아니다. 그렇다고 해서 어떤 통치자나 주체를 의미하는 내용도 더욱 아니고, 죽음은 소멸을 뜻하기는 하지만 영혼까지 소멸시키지는 못한단다. 그래서 죽음을 두려워하지 않는 사람은 세 가지의 커다란 이득을 볼 수가 있지. 즉, 죽음은 죽음의 집으로 들어오는 사람들에게 다시 태어날 걸 보장(保障)해주고, 그들의 행위가 사라져 없어지지 않으리라는 걸 보장해주며, 마침내는 용감한 방문자에게 삶의 신비한 비밀을 드러내 보여주거든."

그의 말에 카카야나는 감탄하며 말했다.

"아버지. 정말 심오한 진리를 발견해내셨군요. 하지만 중요한 문제는 죽음이 가르쳐주는 의미가 무엇이냐는 겁니다."

그러자 촌장은 잠시 생각을 정리한 뒤 이윽고 입을 열었다.

"부처님의 가르침은 나에게 깊은 감동을 주었단다. 하지만 우리 종교의 그 신성한 기본 관념들이 아무 근거가 없다고는 생각하지는 않아. 그 훌륭한 제사가 아무 수확도 없는 헛된 의식이란 말이냐? 만일 그렇다면 브라만의 현인들은 부처님께서 말씀한 내용과 같이, 정말 장님을 인도하는 장님이 되어버리고 마는 격이지. 결실을 보지 못하는 제사란 일시적인 행사에 대한 미련을 버리지 못하고 마음속에서 불같이 일어나는 세속적인 욕구를 누르지 못하는 사람들에게만 해당되는 말일거야."

잠시 말을 끊었다가 촌장은 또 다시 이야기를 했다.

"그리고 '자아'가 불변하는 존재라는 생각이 단순히 환상에 불과한 존재라고는 여길 수가 없어. '자아'야말로 사물의 유일한 통치자며, 인간의 힘으로써는 창조할 수 없는 존재로서 눈으로써 볼 수 없고, 말로써 설명할 수도 없으며, 단순한 계산으로 따질 수 없고, 오직 가슴으로써 느낄 수만 있는 존재지. '자아'를 '옴'(Om)이라는 말로 간단히 표현할 수 있는데, '옴'은 태어나지도 않고 죽지도 않는 절대적인 '존재'라는 뜻이란다."

"그렇다면 아버지의 결론은 새 브라만교가 구 브라만교의 정당성을 인정하는 내용이란 말씀입니까?"

이러한 카카야나의 말에 촌장은 즉시 대답했다.

"그렇지! 그래! 그렇지만 내 견해는 아누룻다 스님의 말씀을 듣고 많이 수정된 견해란다. 아누룻다 스님의 말씀대로 선량함에 마음이 끌림은 별개의 문제라는 내용을 나도 인정하거든. 좀 더 좋은 쪽을 선택하기 위해, 마음이 이끌리는 쪽에 관심을 두지 말고, 선량한 쪽, 진실한 쪽을 추구해야 한다는 점에도 동감하였다. 그리고 석가여래께서 제자들에게도 말했듯이 '생겨난 현상들은 언젠가는 사라져버린다'라는 말씀도 또한 부인할 수 없는 진리다. 그러나 죽음조차도 소멸시켜버릴 수 없는 영원함이 어딘가에 있다는 추측을 나는 마음 깊이 느끼고 있단다. 그 게 바로 브라만의 현인들이 말하는 '자아'다. 나는 '자아'가 무엇인지 무척 알고 싶단다. 왜냐하면 <u>'자아'의 실체를 바로 아는 사람만이 마음(영혼)이 편안함을 얻을 수 있기 때문이지</u>. 아누룻다 스님에게 '자아'에 대한 문제를 좀 설명해보라고 해야겠다. 하지만 '나의 소유'라고 부를 수 있는 '존재'란 아무 '존재'도 없다느니, 삶은 허무하다느니, 영원함은 '존재'하지 않는다느니 하는 식의 이야기는 좀 곤란해."

장마가 계속되는 동안 수부티는 베란다의 지붕 밑에서 글을 썼다. 그리고 장마가 끝나고 구름 사이로 햇빛이 비치며 푸른 하늘이 그 아름다운 모습을 드러냈을 때쯤에는 쓰던 글을 모두 마쳤다. 그는 그 책의 이름을 카타-우파니샤드라고 지었다.

9. 행위는 끝까지 남는다

우기가 끝나자 부처님의 제자들은 중생을 구제하는 고귀한 가르침을 널리 펴기 위해 만행(萬行:스님들이 유세하면서 여러 가지를 수행하는 여행.)의 여행길을 떠나기 시작했다. 아누룻다 스님도 아반티 마을을 다시 지나가게 되었다. 그 때 촌장은 집 앞의 사라나무 아래에서 자기가 쓴 글을 검토하며 명상에 잠겨 있었다. 수부티와 스님은 서로 마주치자 인사를 나누고 자리를 같이했다. 수부티는 스님에게 자기가 쓴 글을 읽어보라고 주었다.

스님은 수부티의 카타-우파니샤드를 읽고 그 문학적인 아름다움과 사상의 깊이에 크게 감동했다. 그러나 스님은 머리를 절레절레 흔들며 다음과 같이 말했다.

"불멸하는 게 있는 내용은 사실이지만 그 불멸하는 게 '자아'라고 할 수는 없습니다. '자아'라는 존재는 눈에 보이지도 않고, 우리가 감각기관으로 느낄 수 있는 '존재'도 아닙니다. 이 세상의 모든 사물·모든 존재·모든 물질·모든 형태는 다 여러 가지 원소가 조화롭게 융합되어 생겨난 현상들이고, 융합되어 생겨난 존재들은 인연이 다하면 언젠가는 다시 흩어져 사라져버리고 맙니다. 불멸하는 존재는 크지도 않고 작지도 않습니다. 왜냐하면 그 존재는 어떤 모양을 갖추고 있지 않으므로 눈으로 그 크기를 잴 수 없는 '존재'기 때문입니다. 그 '존재'가 바로 영원한 진리며, 이 진리에 의해서 만물은 움직입니다. 이런 '존재'는 삶의 영원한 법칙이며, 이 법칙에 의해서 우리는 깨달음을 얻을 수 있습니다. 가장 귀중한 진리는 고통이란 무엇이며, 그 고통의 원인은 무엇인가, 또 불행에서 벗어나는 방법은 무엇이며, 행복을 향한 여덟 겹의 통로는 어떤 진리인가? 등이 영원히 불변하는 진립니다."

그러자 촌장이 말했다.

"영원 불멸하고 '존재'가 물질적인 '존재'가 아니라는 걸 저도 인정합니다. 영원한 건 합성되어 생겨난 '존재'가 아니니까요. 그 '존재'는 물질적인 '존재'가 아니고 영적인 '존재'지요. '자아'는 육체도 아니고 감각도 아니며 정신도 아니고 또한 지식도 아닙니다. 우리는 이 '자아'라는 존재가 있음으로써 잠을 잘 때나 깨어 있을 때나 사물을 지각할 수 있는 거지요. '내가 있다'라는 의식이야말로 가장 중요한 의미의 '자아'라고 볼 수 있습니다. '자아'는 형체를 지니고 있지는 않지만 우리 육체를 포함한 우주에 가득히 있답니다. 마치 불꽃(아그니)이 두 개의 불쏘시개 속에 감춰져 있음과 같은 이치지요."

스님은 촌장의 설명을 주의 깊게 들었다. 그리고는 곧 다음과 같이 지혜롭게 말했다.

"불은 불쏘시개 속에 별도로 숨겨져 있는 게 아닙니다. 불쏘시개는 인화물질에 불과하지요. 그밖에 아무런 의미도 없어요. 불이란 불쏘시개 어디에 숨어 있다가 나오는 게 아니고 사람이 기구나 손으로써 마찰을 일으켰을 때에 비로소 생겨나는 게 불[火]이지요. 마찬가지로 의식이라는 그 의식도 적당한 조건이 갖춰져야 생겨납니다. 따라서 그 조건이 없어지면 의식도 없어지지요. 나무가 다 타버리면 불꽃이 사라져 버리듯이 말입니다. 의식이 존재할 수 있는 조건이 없어져 버린다면, 의식은 과연 어디에 남아 있을 수 있겠습니까?"

촌장이 말했다.

"내 말 좀 들어보시오. 스님. 모든 사물과 사물 사이에 일어나는 현상은 분명히 구별해야 합니다. 다시 말해서 불씨와 그 불꽃에 대한 의식과 그 의식의 나타남, 인간과 그 인간의 기능이나 행동 등과 같은 인간의 성질, 바람과 그 바람이 빚어내는 일들 사이의 차이를 알아야 한다는 말입니다."

스님은 잠간 동안 생각에 잠겼다가 물었다.

"과연 그럴까요?"

그리고 스님은 다음과 같이 말씀했다.

"우리는 습관적으로 '바람이 분다'는 말을 흔히 쓰고 있기 때문에, 마치 바람이 스스로 부는 행동을 할 수 있다고 착각하곤 합니다. 그렇다고 해서 부는 바람과 움직임을 따로 구분해서 별개의 일로 볼 수는 없습니다. 여기엔 오직 한 가지 사실만 존재하고 있거든요. 그것은 바로 공기의 움직임이 바람의 실상인데, 우리는 '바람이 분다'와 같은 식으로 표현하는 습관을 가지고 있을 뿐이지요. 이와 마찬가지로 어떤 사람이 실행하는 행위들 자체가 바로 그 사람이라고 할 수 있습니다."

이러한 스님의 말에 촌장은 다음과 같이 물었다.

"한 사람이 죽었을 때, 어떤 사람은 그가 있다고 하고, 어떤 사람은 그가 없어졌다고 말합니다. 제가 알기로는 그런 경우 부처님께서는 '그가 지금은 여기에 없다'라고 말씀하셨습니다. 그렇다면 내세는 있지 않는다는 결론이 나오게 되지 않습니까?"

"그렇지 않습니다."

스님은 명확한 대답을 하기 시작했다.

"촌장님은 처음부터 잘못 알고 계시는데, 촌장님의 '자아'가 지금 없다면 죽은 뒤에도 없다는 뜻이 되지요. 그렇지만 지금의 촌장님은 육신이 죽은 뒤에라도 계속 있습니다. 촌장님이 카타-우파니샤드에서 인간을 나무에 비유한 내용은 정말 훌륭한 표현이라고 생각합니다. 나무는 자라면서 그 나무의 모든 특징들을 드러내게 되지요. 그와 똑같이 인간도 그 자신이 지은 업보로 새로 생긴 육신 속에 다시 환생합니다. 새로 모종을 한 무화과나무는 얼른 보기엔 그 나무의 특징이 드러나지 않지만 좀 더 자라게 되면 그 특징들이 다 나타나게 됨과 같은 이칩니다."

한동안 그들은 아무 말도 안하고 있었다. 얼마동안 침묵이 흐른 뒤 스님이 다시 말을 시작했다.

"촌장님이 지은 카타-우파니샤드도 내세에 관한 문제

를 다루고 있습니다만 해답이 될 만한 내용은 제시하지 못하고, 단지 종이에 그린 궁전처럼 겉만 화려하게 말만 늘어놓은 책 같습니다. 참된 해답은 부처님의 가르침에서만 찾을 수 있습니다."

그의 말을 듣자 촌장은 그의 가장 중요한 신념이 완전히 무너졌다고 느끼면서 떨리는 목소리로써 물었다.

"그렇다면 내 몸속에는 영원불멸하는 불멸성 같은 '자아'가 정말 없다는 말씀입니까?"

"촌장님에게 영원불멸성이 있을지 없을지의 여부는 오로지 촌장님 자신의 생각에 달려 있습니다. 촌장님이 깨끗하고 경건한 생각만 가지고 실행한다면 촌장님은 깨끗하고 경건한 사람이 되며, 촌장님이 허물이 될 일을 하고 싶다는 생각을 하고 실천한다면 바로 죄인이 됩니다. 마찬가지로 촌장님이 영원하고 불멸의 진리를 터득하게 되면 촌장님 자신이 바로 영원하고 불멸하는 존재가 되지요. '자아'에 대한 실상을 깨닫게 됨이 바로 영원하고 불멸하며, 진리가 실행되는 데가 바로 행복한 이상향입니다."

그러자 촌장은 고개를 흔들면서 말했다.

"나도 진리를 터득하고는 싶지만, '나'라는 자신을 버리고 싶지는 않습니다."

"소납(小納:스님들이 겸손하게 자기를 일컫는 말)도 역시 '나'를 소유하고 싶기 때문에 진리를 원합니다. 그런데 진리를 얻기 위해서는 내가 잘못 알고 있는 '나' 자신을 버리지 않으면 안 됩니다. 지금 자기의 목적보다 더 큰 목적을 설정하고 달성하기 위해 노력함은 얼마나 기쁜 일이겠습니까?"

촌장은 경이에 찬 표정으로 스님을 바라보았다.

"내 육신이 죽고 나면 나는 어떻게 됩니까? '자아'가 없다면 '내'가 소멸해 버리지 않겠습니까? 그렇다면 '나'라고 부를 만한 존재가 없어지지 않겠습니까?"

"제가 대답해 드리지요. 촌장님. 부처님께서는 이렇게 말씀하셨습니다."

이승에서 지녔던 모두를 두고 가게 되느니라.
아내도 자녀들도 친척도 그리고 친구들도
또한 황금과 곡식과 그 모든 재산도.
그러나 인간이 몸·입·마음으로 실행한 모든 행위는

영원히 그 사람을 떠나지 않느니라.
행위는 마치 그림자처럼 결코 떠나지 않나니
악행은 숨길 수 없고
선행은 잊히지 않고 남느니라.

선행은 모든 지혜 속에서 밝혀지나니
그러므로 언제나 올바른 일은 힘써 행하라.
삶이라는 밭에 뿌려진 씨는
내세에라도 반드시 싹을 틔우느니라.

부처님의 말씀을 이렇게 읊고 나서 스님은 또 계속해서 말씀했다.

"촌장님이 실행한 행위의 결과는 영원히 촌장님 몫이므로, 언제나 촌장님 곁을 떠나지 않습니다. 촌장님의 생각·말씀·행동의 결과는 세월이 지나도 변치 않고 그대로 남아 있습니다.

그것들은 촌장님의 존재를 결정하는 재료가 됩니다. 촌장님의 현재와 미래를 결정하는 힘은 하늘에 있지도 않고, 땅에 있지도 않으며, 또 지옥에 있지도 않습니다. 촌장님을 바꾸고 결정하는 주체는 바로 촌장님 자신입니다. 촌장님의 삶의 이력(履歷:살면서 지금가지 행한 일.)이 바로 촌장님입니다. 촌장님이 죽은 뒤에도 촌장님이 살아온 이력은 계속 존재하듯이, 촌장님을 결정짓는 요소들도 사라지지 않고 계속 남아 있습니다. 우리의 육신이 죽어 없어지더라도, 그 행위를 한 힘에 따라 우리는 계속 살아 있습니다. 촌장님."

10. 전염병

젊은 부부에게 세 명의 아이가 태어났다. 세 아이가 다 사내였는데 모두 아주 총명했다. 그래서 수다타는 그 어느 때보다도 큰 희망에 부풀어 있었다. 그러나 세월이 흐르고, 사노라면 때로는 전혀 생각하지도 않았던 일들이 닥쳐오는 경우도 있다.

어느 해인가 나라 전체에 가뭄이 들기 시작하자 우물에는 물이 모두 말라버리고, 먹을 양식도 구할 수가 없게 되었다. 뿐만 아니라 온 나라 안에 전염병까지 퍼져서 환자들이 수도 없이 생겨났다. 사람들은 신께 기도를 하고 단식을 하며 지금까지의 몸·입·의식으로써 지은 죄에 대해 용서를 빌었다.

제사장들이 제물을 바치고 주문을 외웠지만 비는 여전히 오지 않았다. 그래서 자꾸 더 많은 제물을 바쳤으나 가뭄은 계속되었다. 신들은 제사장들의 기도 소리를 전혀 듣지 못하는지, 양식은 갈수록 구하기 어려워졌고 질병은 그 어느 때보다도 극심하게 퍼졌다.

촌장인 수부티는 백성들의 어려움을 조금이라도 덜어주기 위해 온갖 노력을 기울였다. 비록 그가 부자이긴 했지만 가난한 사람들을 모두 다 먹여 살릴 수는 없었다.

촌장은 환자들을 돌보는 데에 전력을 기울였다. 카카야나도 자기 아버지에게서 배운 지식으로써 약초를 찾아 환자들의 병을 치료해 주었다. 모든 성한 이들이 촌장을 도왔다.

그러던 어느 날 전염병이 그 마을까지 휩쓸게 되자 촌장도 앓아눕게 되었다. 처음에는 밤새도록 환자들을 간호하느라고 애를 써서 몸살이 난 정도인 줄 알았는데, 이튿날 자신이 전염병에 감염(感染)이 되었다는 사실을 바로 알게 되었다. 그의 병세는 금방 악화되었다. 이 소식을 듣고 친척들이 찾아와서 슬픔에 잠겨 그의 곁을 지키고 앉아 있었다.

촌장은 모든 사람들에게 인정 많고 친절했기 때문에, 사람들은 그가 없이는 한시도 살 수 없을 듯하였다. 그러나 촌장 자신은 오히려 평온한 마음으로 누워서 아들과 딸, 손자들과 이웃들을 위해 기도를 드렸다. 기도를 마치자 그는 가족들을 위로하며 말했다.

"슬픔에 빠지지 마라라. 내 몸은 이미 낡아 못쓰게 되었기 때문에 이제 버린다고 해도 아까울 게 없다. 사람의 육신은 마치 옷과 같아서 늙으면 바꿔 태어나야 하는 게다. 너희들이 내 가르침을 가슴 깊이 명심한다면 죽음이 결코 우리를 갈라놓지 못한다는 사실을 알게 되느니라."

저녁이 되자 촌장은 이웃 사람들과 딸과 손자들을 방에서 나가게 하고 카카야나와 수다타만 그의 곁에 남아 있게 했다. 아픔이 잠시 누그러지자 그는 말했다.

"나는 고통을 내 몸으로써 직접 겪는 지금에야 눈을 뜨게 되었다. 석가여래께서 말씀했던 네 가지 진리를 이제야 이해할 수 있게 되었어. 지금 나는 곧 숨을 거두게 되었구나. 그러나 지금 나는 조금도 슬프하지 않는다. 왜냐하면 나는 죽음을 두려워하지 않기 때문이지. 내가 어느 곳에 다시 태어나든지 간에, 나는 그 엄청난 목표인 피안을 향해 좀 더 가까이 다가가 있게 될 거야."

그의 말을 듣고 수다타가 대답했다.

"틀림없이 그렇게 될 겁니다. 장인어른. 장인어른은 오랫동안 좋은 일을 많이 하셨으니까 받으시는 보상이 크고 훌륭함이 당연합니다."

촌장은 다시 한번 온몸의 기력을 모아서 말했다.

"해야 할 일이 남아 있는 동안에는 보상받을 생각을 하지 마라라. 브라만의 천국은 '자아'에 대해 열심히 탐구하는 사람들을 위해서 마련되어 있는 나라이니라. 세상에 고통이 남아 있는 한, 나는 천국의 기쁨을 누릴 욕심을 부리지 않는다. 차라리 저 지옥 깊숙한 곳에 환생하게 되길 바라겠어. 왜냐하면, 나는 그곳이야말로 가장 불행한 이들이 사는 곳이며, 가장 절실하게 구제가 필요한 장소이기 때문이지. 어둠 속에서 방황하는 자들을 깨우쳐주고, 그들에게 잃어버린 자신을 찾아주며, 타락한 사람들에게 길을 인도해 줄 수 있는 가장 좋은 곳이니라."

촌장은 다시 의식을 잃어가면서 희미한 목소리로 기어들어 가는 말을 했다.

저는 거룩한 부처님께 귀의합니다.
저는 거룩한 높은 법에 귀의합니다.
저는 거룩한 스님들께 귀의합니다.

그는 있는 힘을 다해 삼귀의(三歸依)를 하고, 편안하게 숨을 거두었다. 그러자 고요가 온 방 안에 경건하게 내리 깔렸고, 가족들에게 비애가 엄습하였다.

바로 그날 밤 아누룻다 스님은 우연인 듯이 쿠두라가라를 지나가게 되었다. 수부티의 집 앞에 이르렀다. 스님은 바로 직전에 촌장이 이미 죽었다는 사실을 알았다.

스님은 카카야나와 수다타와 인사를 나눈 뒤 그들과 한 자리에 조용히 앉았다. 해가 저물고 어두워지기 시작하자 카카야나는 촛불을 밝혔다. 그러나 아무도 말은 하지 않았다. 밤이 이슥해지자 스님은 낭랑한 목소리로 시를 읊기 시작했다.

세상사 얼마나 덧없고 허망한가!
인간의 생명은 그 얼마나 허무한가!
평화는 바로 죽음의 문턱에서
세상의 모든 다툼을 사라지게 하네.

인생은 끝없는 이별이거니
이제 그 물결이 한 번 출렁댔을 뿐
잃은 나도 얻은 나도 없는데

사람들은 비탄에 잠겨 서러워할 뿐.

강물은 흘러서
마침내 저 멀고 큰 바다에 이르고
뿌려진 씨는
기필코 그 열매를 맺네.

11. 진실을 선택하다

카카야나는 아누룻다 스님을 따라 라자가하로 여행을 떠났다. 라자가하에서 그는 부처님을 만나 뵙고 부처님의 설법을 들었다. 그리고는 부처님의 가르침에 따라 선정을 익히는 모임에 가입했는데, 무척 지혜로운 사람이었기 때문에 오래지 않아 꽤 유명해졌다.

그 후 고향에 다시 돌아와서는 프레시피스라고 하는 쿠두라가라 근처의 숲 속에서 살고 있었다. 마을 사람들은 그를 '마하 카카야나(위대한 카카야나)'라고 불렀다. 마을 사람들은 비록 그와는 다른 종교를 믿었지만, 그를 매우 존경했다. 그래서 모두들 입을 모아 다음과 같이 말했다.

"그는 부처님의 훌륭한 제자야. 브라만 경전과 불교 경전을 모두 잘 알고 있거든. 학식으로 보나 경건한 마음가짐으로 보나, 그는 틀림없이 아주 높은 경지에 도달한 사람임에 틀림없어."

그때 수다타는 자기 아버지의 종교를 별로 믿고 있지 않았을 뿐만 아니라 그렇다고 불교의 새로운 신앙을 받아들이지도 않았다. 어느 날 수다타가 처남과 함께 마을을 지나가던 중에 이런 말을 했다.

"부모를 잃는다든지, 자기가 굉장히 사랑하고 존경하던 사람들과 헤어진다는 일은 정말 슬픈 일이 아닐 수 없어요. 그러고 보면 슬픔의 고통을 없애고 참된 평온을 가져다 줄 수 있는 가르침은 이 세상에 아무데도 없는 듯하네."

그의 말에 카카야나는 다음과 같이 말했다.

"자기 한 몸의 고통을 벗어버리려는 수행만을 목표로 삼는다면, 자신의 자유조차도 누릴 수가 없게 됩니다. 그러므로 모든 중생이 겪어야 하는 자연의 법이 만들어낸 고통을 혼자서만 벗어 나려고하지 마시오."

그러자 수다타가 반박했다.

"그렇지만 죽은 사람의 고통을 한 번 생각해 보시게. 마치 세상에서 살았던 적이 전혀 없었던 듯이, 흔적도 없이 사라져버리니 얼마나 끔찍한 일인가?"

그의 말에 카카야나는 얼른 대답했다.

"바로 그 점이 잘못된 견햅니다. 죽으면 육신은 없어지지만, 그렇다고 세상에서 살았던 흔적이 없었던 듯이, 그의 생각이나 행위의 흔적이 다 지워져 없어지는 경우 없습니다. 왜냐하면 그가 생전에 실행했던 모든 행위의 결과는 그대로 남아서 세상에 영향을 미치고 있기 때문입니다."

그때 수다타는 서글픈 미소를 지으며 카카야나의 말을 가로막았다.

"그것은 말장난에 불과하네. 만일 죽은 사람이 계속 존재하고 있다면 장인어른은 지금 어디에 계신단 말인가?"

수다타의 말에 카카야나는 다음과 같이 대답했다.

"그 분은 지금 우리와 함께 있지 않습니까?"

잠깐 말을 멈추었다가 카카야나는 계속 말을 했다.

"사람은 책과 같습니다. 종려나무 잎사귀에 우리는 하천한 내용을 쓸 수도 있고, 고상하고 선량한 내용을 쓸 수도 있습니다. 책이란 생각을 담아 놓은 기록을 말함이지, 나뭇잎을 모아 놓음을 의미하는 일이 아니지요. 나뭇잎은 글을 쓰기 위한 도구에 불과하고요. 책으로 만들어지지 못한 채 뒹굴고 있는 나뭇잎이 거의 다지 않습니까?

아버님도 죽음에 관한 문제를 깊이 생각하신 끝에 그

어느 책보다도 귀중한 카타-우파니샤드를 쓰실 수 있었지요. 아버님은 그 고귀한 생각들을 정원에 있는 커다란 종려나무 잎사귀에 모두 써 놓으셨습니다. 그 잎사귀들을 하얗게 표백시켜서 그 위에 아버님은 카타-우파니샤드의 내용을 썼습니다. 아버님께서 돌아가실 때 그 책을 내게 물려주셨는데, 지금 나에게는 그 책이 가장 귀중한 보물이 되었습니다. 세속적인 가치로 따지자면, 보고 싶은 내용이 특별히 있는 책은 아니지만, 아버님의 소멸하여 없어지지 않는 정신이 그대로 담겨 있는 글이 적혀 있기 때문에 소중하지요. 맨 처음에는 그 글이 아버님께서 친필로 쓴 책이라서 매우 소중히 여겼습니다. 지금은 그러기보다는 아버님의 사상을 담은 내용 자체를 더욱 가치 있게 여기게 되었습니다. 이 극심한 가뭄을 지내는 동안 그 글을 썬 잎사귀들은 벌레가 파먹어 산산이 부서졌지만 그 우파니샤드의 내용은 모두 내 머리 속에 기억되어 있습니다.

만약 제가 죽으면 제가 기억하고 있는 그 책의 내용도 사라져 버리겠지요. 그래서 저는 썩은 나뭇잎사귀에 썼던 글들을 새 나뭇잎에 한 줄 한 줄 조심스럽게 다시 옮겨

쓰기 시작했습니다. 그리고 새로 옮겨 적은 책은 다른 브라만 학자들에게 빌려주려고 합니다. 그렇게 되면 카타-우파니샤드는 계속 보존되고, 다른 지방과 후세 사람들에게도 알려질 수 있게 되거든요.

원래의 책은 글씨도 희미해지고 또 부분적으로 부서져서 가루가 되었지만 아버님의 사상은 결코 소멸하지 않습니다. 왜냐하면 아버지의 사상을 다시 새로운 잎사귀에 썼기 때문입니다. 이와 마찬가지로 우리의 소망·사상·마음 등도 그대로 존속됩니다. 현세의 행위·말·감정 따위는 그대로 내생(來生)까지도 남아 이어지게 됩니다. 죽은 뒤에도 우리는 살아있을 때에 실행했던 행위에 따라 계속 존재한다고 볼 수 있지요. 합성되어 생겨난 사물들, 즉 물체는 언젠가 사라져 없어지고 말지만, 예를 들어 종려나무 잎사귀와 같은 물체들은 언젠가는 소멸해 버리지만, 카타-우파니샤드는 계속 관심이 있는 사람들에 의해서 살아있습니다."

수다타가 흥분해서 입을 열었다.

"책 자체와 그 내용인 사상이 둘 다 보존될 수 있다면 그 얼마나 좋겠는가! 그렇지 않겠는가?"

"제가 어떻게 답변을 해야 좋을지 모르겠군요. 그런 경우는 한낱 감상적인 생각에 불과합니다. 아누룻다 스님이 우파니샤드를 읽고 나서 하셨던 말씀을 기억하시는지요? '마음을 끌어당기는 대상을 선택하지 말고, 진실한 쪽을 선택하라. 진실이 더욱 값어치가 있다'라고 했던 말씀입니다. 이전까지 저는 마음이 끌리는 쪽을 언제나 선택하곤 했었지요. 그러나 세상살이를 경험하고 나자 그러한 선택이 잘못된 선택이라는 점을 깨닫게 되었습니다. 그래서 지금은 진실한 쪽을 선택하게 되었습니다. 저는 지금 '진실함이 마음을 이끈다'라고 여기게 되었답니다."

카카야나의 말에 수다타는 놀라움을 감추지 못한 채 물었다.

"정말, 그렇게 여기게 되었단 말인가?"

"그럼요. 그렇고말고요. 죽음이란, 태어나면 반드시 죽게 마련이라는 자연의 당연한 법칙의 결과로써 우주가 생겨서 머물다가 파괴되어 텅 비었다가 없어지는 필연적 과정일 뿐만 아니라, 세상을 위한 바람직한 정리정돈이라고 생각할 수도 있습니다. 깊게 잠듦을 우리가 두려워하지 않듯이 죽음도 두려워할 필요가 전혀 없습니다. 정말이지 죽음은 아름다운 승화(昇化)입니다. 죽음은 인생을 정화 시켜 주는 역할을 하기도 하거든요. 죽음이 없는 삶을 한 번 생각해 보세요. 단순하기 그지없으며 얄팍한 즐거움만을 찾게 될 뿐, 그 이상의 아무 생각도 하지 못하게 됩니다. 밋밋한 시간을 귀중함으로 만드는 경우도 바로 죽음입니다. 죽음이 있기 때문에 우리는 깊은 생각을 하게 되고 부처님의 가르침도 필요합니다. 진실로 죽음이야말로 우리들의 삶에 가치를 부여해주는 불가결한 진실입니다. 죽음이 없다면 영웅도, 현인도, 또 부처님도 있을 수가 없게 되지요. 따라서 죽음은 우리에게 꼭 필요한 변화로, 결코 나쁜 경우라고 할 수만은 없습니다. 어리석은 사람들은 죽음이라는 사실을 생각만 해도 무서워 벌벌 떨지만 현명한 사람들은 죽음을 두려워하지 않습니다. 왜냐하면 죽음은 우리의 스승이며 영원한 진리이기 때문이지요."

12. 수부티 2세

수다타의 아들들은 자라서 할아버지에게서 물려받은 땅을 관리하게 되었다. 아이들이 집안일을 돕게 되자 수다타는 한가한 시간이 많아져서, 숲속의 프레시피스에 살고 있는 카카야나를 찾아가 불경공부와 정신통일에 전념할 수가 있었다. 그는 비록 머리가 하얗게 세기 시작하는 나이가 되었지만, 힘과 건강은 남달리 좋았다. 마을 사람들은 자기네 가족 중에 아픈 사람이 있을 때마다 수다타를 찾아갔다. 그럴 때 그는 항상 그들의 어려움을 함께 걱정하며 도와주었다.

그러던 어느 날, 빔비사라 왕이 죽고 그의 아들인 아자타사투루가 그 뒤를 이어 왕이 되었다. 아자타사투루는 즉위하자 곧 나라 안의 모든 도시와 마을과 부왕이 다스리고 있던 이웃 나라에 사신들을 파견하여 민심을 알아보게 했다. 그래서 사신들이 병사들의 호위를 받으며 쿠두라가라에 왔다. 쿠두라가라에 오자 그들은 촌장을 만나러 왔노라고 마을 사람들에게 말했다.

그러자 마을 사람들은 마하 수부티가 죽은 뒤부터 계속 촌장이 없이 지내왔으므로 만날 촌장이 없다고 대답했다. 그 말을 들은 왕의 사신은 마을 사람들을 모이게 한 뒤 그들에게 새로운 촌장을 뽑게 했다. 그렇게 하면 아자타사투루 왕이 '마하 수부티의 뒤를 이을 촌장을 임명하게 된다'라고 말했다. 카카야나는 세속을 멀리하여 신앙생활에 전념하고 있고, 수다타는 나이가 너무 많이 들었으므로 수다타의 맏아들을 추천함이 어떻겠느냐고 사신은 말했다. 그런데 그 맏아들의 이름은 외할아버지의 이름을 따서 수부티라고 했다. 마을 사람들은 그가 매우 씩씩하고 남자다웠고 자비스러웠기 때문에 손뼉을 치며 기뻐서 소리쳤다.

"수부티 2세를 우리 촌장님으로 맞이하게 해주십시오! 그를 마하 수부티의 계승자로 임명하도록 상주(上奏)하여 주십시오!"

거기에 모여 있던 사람들 중의 어떤 노인이 새 촌장감을 보고 기뻐하며 다음과 같이 말했다.

"돌아가신 마하 수부티가 젊은 시절의 모습으로 다시 우리 앞에 나타나게 된다면, 이 청년과 아주 똑같은 모습일 계요. 빔비사라 왕께서 마하 수부티를 처음으로 촌장에 임명하셨을 때의 모습과 이 청년의 지금 모습이 어쩌면 이렇게 꼭 같은지 모르겠소.”

13. 부처님

어느 날 한 나그네가 쿠두라가라를 지나가다가 길에서 수다타를 만나자 라자가하로 가려면 어느 길로 가야하느냐고 물었다. 그러자 수다타는 그 나라의 수도로 가는 길을 가리키며 말했다.

"나도 마침 라자가하로 가려던 참이었습니다. 그곳에 가면 부처님께서 머물고 계시거든요. 나는 그 분의 가르침을 믿고 있습니다."

"그렇다면 저와 함께 가심이 어떻습니까?"

그 나그네는 계속해서 말했다.

"저의 이름은 찬드랍니다. 도박을 해서 먹고 살지요. 부처님께서 아주 지혜로우시다는 소문을 듣고 라자가하로 가서 그 분의 가르침을 받으려고 마음먹었답니다."

수다타는 친구들과 작별 인사를 한 뒤 찬드라와 함께 라자가하를 향해서 길을 떠났다. 언젠가 처남이 했던 말을 기억하고, 그가 종려나무 잎사귀에 옮겨 쓴 카타-우파니샤드의 책을 짊어지고 갔다.

산길을 오르면서 찬드라는 다음과 같이 말했다.

"부처님은 정말 지혜가 깊으신 분입니다. 부처님은 생활 자체가 고통이라고 말했다지요. 세상을 살다보니 그 말씀이 과연 옳았구나 하는 생각이 듭니다. 염세주의(厭世主義)야말로 인생의 참된 모습을 잘 설명해줄 수 있는 말이 아닙니까?"

수다타가 물었다.

"어떤 뜻으로 염세주의라는 말을 사용하시는 겁니까?"

"염세주의란 세상살이가 괴로워 '세상살이가 싫다'는 뜻이겠지요."

위와 같이 전제한 찬드라는 계속 설명하였다.

"당첨표라고는 단 한 장도 없는, 백지가 전부인 제비뽑기 통 안의 당첨표가 바로 세상이라고요. 만일 돈 많은 사람이 그 제비뽑기 통을 통째로 몽땅 사서 펴본다면 당첨표는 그 속에 한 장도 들어있지 않다는 사실을 금방 알 수 있을 거예요. 인생도 그와 같아서 살아갈 만한 가치가 전혀 없다는 사실을 어느 순간엔가 뼈저리게 느끼게 되지요. 그래서 결국은 모두가 패배(敗北:싸워서 지다.)자일 수밖에 없습니다. 인생이란 지불할 능력을 전혀 갖추고 있지 않는 게 바로 도박판과 같거든요. 말하자면 인생이란 도박은 본전도 못 건지는 장사라는 내용입니다."

그러자 수다타가 말하기 시작했다.

"저어. 내가 보기엔 당신은 세상 경험을 많이 한 사람 같군요. 이런 상상이 맞는지 모르겠습니다만 당신도 한동안 편안한 생활을 누리다가 어느 날 당신보다 더 속임수에 능숙한 사람을 만나게 되자 그에게 속아서 모든 재산을 날려버리게 된 게 아닙니까?"

그의 질문에 찬드라는 얼른 대답했다.

"맞았어요. 바로 그렇게 되었습니다. 그래서 부처님을 찾아 길을 떠나게 되었습니다. 왜냐하면 부처님은 인생이라는 자체가 미끼에 유혹되어 경솔하게 걸려들고야 마는 불리한 도박, 즉 보나마나 지는 사실이 빤한 시합과 같다는 사실을 진작부터 깨달으셨거든요. 도박을 잘할 줄 모르는 사람들을 만날 때는 나도 처음에는 항상 그들에게 져주는 척했지요. 그래야만 그들은 간이 커져서 도박판에 마구 덤벼들게 될 테니까요. 그러나 결국은 나 자신도 그들과 마찬가지였던 겁니다. 처음에는 나도 그들처럼 인생이라는 도박에서 성공하는 듯 보였어요. 지금 생각해보면 도박은 처음에 이기는 사람은 첫판에 돈을 잃어 겁을 먹고 달아나버린 사람보다 끝에 가서는 더 많은 손해를 보거든요. 세상은 우리 노름꾼이 사용하는 수법과 똑같은 속임수를 우리에게 쓰거든요. 내가 고안해낸 함정이라고 생각했던 바로 그 덫에 나 자신이 걸려든 거지요."

늙은 나이와 근심으로 굽어진 몸을 수다타 쪽으로 돌리며 그는 계속해서 말했다.

"당신도 얼굴에 주름이 많고 머리가 하얗게 센걸 보니, 인생이 달콤한 사탕처럼 보여도 사실은 씁쓸한 인생이라는 사실쯤은 이미 느꼈겠군요. 당신도 나 못지않게 염세주의자일 듯합니다."

그때 수다타의 얼굴에 한 줄기 햇살이 스쳐지나가는 듯했다. 그는 흡사 왕처럼 몸을 곧게 펴며 대답했다.

"아닙니다. 나는 당신과 같은 경험을 가져본 일이 전혀 없습니다. 아주 오래전 옛날 젊은 시절에 나는 아주 즐겁고 행복한 생활을 했습니다. 친구들과 함께 들판에서 여러 가지 운동을 즐기기도 하고 사랑하며, 또 사랑을 받기도 했었지요. 나는 아주 순수한 마음으로써 다른 사람을 사랑했기 때문에 내가 맛보았던 행복에 쓴맛은 없었습니다. 그러다가 인생의 고통을 깨닫기 시작했을 때, 나는 새로운 면을 경험하게 되었지요. 세상은 슬픔으로 가득 차 있고, 죽음이 인생의 종말이라는 사실을 뼈저리게 느끼게 되었습니다. 그 어느 때보다도 창자가 끊어지는 슬픔 속에서 몸부림쳤습니다. 그러던 어느 날 부처님께서 세상에 오셔서 고통에서 벗어나는 길을 가르쳐 주셨다는 사실을 생각해내자, 나는 용솟음치는 기쁨을 느꼈습니다. 피안의 영역에 도달한 사람은 삶의 고통도 행복하게 느낄 수 있다는 사실을 그제야 터득하게 되었습니다."

찬드라가 물었다.

"만일 삶이 고통으로 가득 차 있다면 어떻게 그 고통에서 벗어날 수 있단 말입니까?"

그러자 수다타는 이렇게 대답했다.

"고통을 면할 수는 없지만 악을 피할 수는 있지요. 그리고 악을 피함으로써 우리는 피안의 영역에 들어갈 수 있게 됩니다."

라자가하의 비하라라는 곳에 다다르자 두 사람은 부처님 앞으로 나아가 합장하고 말씀드렸다.

"저희를 부처님의 제자로 삼아주십시오. 우리도 저 수

행자들 틈에 끼어서 부처님의 고귀한 가르침을 받고 싶습니다. 부처님께 귀의하여 진리를 깨우칠 수 있도록 이 집단에 가입시켜 주십시오. 제발 부탁입니다. 허락해주십시오."

그러자 사람들의 마음속을 훤히 꿰뚫어 보시는 부처님께서는 찬드라에게 이렇게 물었다.

"찬드라씨. 그대는 나의 가르침을 알고 있소?"

찬드라는 대답합니다.

"네, 조금은 알고 있습니다. 삶은 고통이라고 말씀하셨습니다."

그러자 부처님께서 다음과 같이 말씀하셨다.

"삶이 고통이라는 말은 사실이네. 그래서 여래가 구제의 길을 열고 알려주기 위해 세상에 오질 않았겠소? 나는 사람들이 스스로 고통에서 벗어나 해탈할 수 있는 길을 가르쳐주기 위해 세상에 왔네. 그대가 진실로 악에서 벗어나기를 원한다면 마음을 굳게 먹고 이기심을 버리며, 자제심을 길러 스스로의 구제를 위해 부지런히 힘써 노력해야 하네."

"저는 편안함을 얻기 위해 찾아온 여행자이지, 힘들게

노력을 하러 온 여행자가 아닙니다.”

그러자 부처님께서 말씀하셨다.

“열심히 노력해야만 편안함을 얻을 수 있느니라. 죽음은 ‘자아’를 확인함으로써 극복할 수 있으며, 온갖 힘을 기울여 열심히 노력할 때에 비로소 영원한 기쁨을 얻을 수 있느니라. 남을 속이는 자는 결국 자기가 만든 덫에 스스로 걸려들기 마련이네. 그래서 그대는 세상을 악하게만 여기네. 그대는 죄를 짓고도 그 죄의 대가를 받지 않기를 바라네. 그것이 바로 행복인 줄로 착각을 하면서. 젊었을 때 올바른 마음가짐으로써 진리를 깨우치지 못하면, 훗날 과거를 후회하며 한숨짓게 되는 법이네. 실제로 악은 존재하고 있네. 그러나 그대가 마음에 품고 있는 일들은 그대가 지은 업보에 대한 마땅한 대가일 뿐이네. 자기가 뿌린 씨는 자기가 거두는 게 우주의 질서며 진리의 섭리일세.”

이와 같이 말씀하신 뒤 부처님께서는 천천히 수다타 쪽으로 시선을 돌렸다. 그의 얼굴을 찬찬히 살펴본 뒤 그가 훌륭한 인격을 지닌 사람임을 아시고 이렇게 말씀하셨다.

“그대는 저 사람보다 여래의 가르침을 훨씬 잘 이해하

고 있구나. 남의 아픔을 자기의 아픔으로 여기는 자는 지금 처해있는 상황은 그대가 지은 없보에 대하여 받는 마땅한 보상일 뿐이네. '자아'라는 울타리 속에서 쉽게 벗어날 수 있는 법이네. 그대는 마치 물에서 갓 피어나는 연꽃과도 같구나. 그 연꽃은 물에서 자라지만 그 물방울이 꽃잎을 더럽히지 못하듯이, 이 세상의 쾌락이 그대를 유혹하지는 못하지. 그러므로 그대와 같은 사람에게는 후회할 일이 없네."

따뜻한 눈길로 수다타의 덕망 높은 모습을 자세히 살펴보시면서 부처님께서는 말씀을 계속하셨다.

"그대는 의롭고 높은 곳을 향해 가고 있으며, 착한 일을 하는 가운데 기뻐하는구나. 이웃이 병들어 고생할 때, 그들의 병을 고쳐주었던 일처럼, 그들의 마음의 병도 고쳐줄 생각이 있다면, 자비를 기꺼이 베푼 결과 훗날 어떤 열매가 맺히게 되는지도 보여주게. 올바른 마음을 지닐 때 큰 기쁨이 찾아올 수 있다는 사실을 알기만 한다면, 그들도 쾌락과 고통을 초월하고, 사소하고 성급한 욕구를 넘어서서, 흔들리지 않는 마음의 평정을 얻을 수 있게 되지. 자, 그럼 고향으로 돌아가서 고통 속에서 헤매고 있는 이웃에게 죄가 될 욕망을 버리는 자는 삶의 고통에서 벗어날 수 있다는 진실을 알려주고 보여주게나. 이 세상 곳곳에 선량한 말과 선량한 행동으로써 이 세상 모든 사람이 선량하게 살도록 씨를 뿌리게. 무한한 자비로써 남을 돕고, 훌륭한 가르침을 베풀게. 그렇게 하면 고통을 받는 이들 속에서, 기쁜 마음으로써 생활하는 이가 많이 생기게 되지. 탐욕스러운 자들 틈에서 욕심이 없이 살아가게. 부정적인 생각으로써 가득 찬 사람들 사이에서 사랑으로 살아가게. 그러면 그대를 통해 경건한 생활이 커다란 환희를 가져다준다는 사실을 목격한 사람들이 그대의 뒤를 따라 해탈로 향한 대열에 다투어 참여할 걸세."

이와 같은 석가모니의 말씀을 홀린 듯이 듣고 있던 찬드라는 감탄하면서 말했다.

"수다타님. 당신은 정말 행복한 사람이군요. 아! 이제야 저도 부처님의 가르침이 어떤 뜻인지 어슴푸레 하게나마 깨달아 가고 있습니다. 저도 그와 같은 일을 실천하겠습니다."

부처님께서는 또 말씀하셨다.

"드넓은 큰 바다가 딱 한 가지 맛, 짠맛을 지니고 있듯이, 부처의 가르침도 오직 한 가지의 맛을 지니고 있는데, 그것은 곧 자비의 맛이고 해탈의 맛이네."

그 순간 찬드라의 눈이 번쩍 뜨이며 그의 염세주의라는 서리가 부처님의 말씀이 가져다주는 햇살 속에 스르르 녹아 버렸다.

"아, 저도 고귀하고 올바른 길을 따라 사는 착한 생활을 하고 싶습니다."

찬드라의 말에 부처님께서 이렇게 말씀하셨다.

"배를 타고 있는 사람들이 항구에 도착하고 싶어 하듯이, 모든 중생들은 깨달음의 환희를 맛보고 싶어 하네. 왜냐하면 깨달음만이 이상적인 피안으로 향하는 올바른 길임을 알려주기 때문이지."

찬드라는 합장하고 부처님께 말씀드렸다.

"저와 함께 온 수다타에게 말씀하셔서, 저를 그의 집으로 데려가도록 해주십시오. 그의 집에 가서 그에게 많은 가르침을 배워, 저도 그와 같은 환희와 기쁨을 맛보고 싶습니다."

"수다타가 스스로 결정하도록 하여라."

수다타는 기꺼이 찬드라와 자기 집으로 함께 가서 서로

도우며 열심히 노력해 보겠다고 대답했고, 또 그는 다음과 같은 말을 덧붙였다.

"아누룻다 스님이 제게 진리(Dharma)에 이르는 길을 가르쳐 주셨는데, 그 내용은 이렇습니다. '선한 행위로 악한 행위를 덮어주어라. 과거에는 분별이 없었으나 지금 신중한 몸가짐을 갖게 된 사람은 마치 구름에 가려졌던 달이 구름에서 벗어나면 세상을 환하게 비춰주듯이, 세상을 밝게 해줄 수 있느니라'고"

지금 그들은 해탈로 가는 덕행을 실천할 마음가짐이 되어 있다고 생각하신 부처님께서는 그들에게 가르침을 베풀고 용기를 북돋워주며 굳은 신심을 위한 설법을 통해 그들의 마음을 기쁘게 해주셨다.

부처님께서는 이윽고 다음과 같은 핍진(逼眞:표현이 진실해 거짓이 없고 꼭 맞다.)한 말씀으로써 가르침을 맺었다.

"그대들이 그렇게도 바라던 행복(열반:피안)의 경지에 도달하게 되면 아래와 같은 상태에 이르게 되네.

즉 어떤 일이 닥쳐와도 그대들의 마음은 혼란해지지 않는다. 왜냐하면 세상이 아무리 불안해도 그대들의 마음은 잔잔하고 고요한 호수처럼 평온하기 때문이다. 모든 아집은 사라지며, 흡사 시들어 죽은 나뭇가지가 열매를 맺지 못하듯이 그 힘을 잃는다. 그런 반면 고통에 신음하고 있는 모든 중생들에게 자비를 베풀며, 착한 일을 하는 데는 지칠 줄 모르는 힘이 생긴다. 그대들의 심장은 더욱 힘차게 뛰며, 나날이 더욱더 높은 청복(淸福)의 생활을 누릴 수 있도록 박차를 가해 주느니라. 왜냐하면 그대들의 심장은 나의 가르침으로써 큰 힘을 얻었기 때문이다. 그대들의 정신은 또한 더욱 맑아진다. 왜냐하면 존재의 깊이와 넓이, 그리고 길이를 알게 되고, 인간은 한 가지 목적, 즉 피안을 추구해야 한다는 사실을 깨닫게 되기 때문이니라."

이상향 끝.

인류가 꿈꾸는 이상향은 인류가 지금 하기 나름을 중역하고

업(KARMA)과 피안(NIRVANA)은 영국인 폴 카루스(1852~1919)라는 분이 불경에서 발췌하여 영어로 번역한 영어 불경이다.

이 불경은 송광사(松廣寺)에서 50여 년 전에 한글로 번역하여 간행한 적이 있었다. 그때 한글판 경전을 읽고 큰 충격을 받았다. 한국에서도 꼭 이런 경전(이해가 쉬운)을 만들어야 한다는 생각을 했다. 그래서 영어 원문과 번역된 한글 경전을 입력하여 두고 읽었다.

수년 전 어느 해, 초봄에 열반에 대한 이야기를 쉽게 설명할 수 있는 자료를 찾다가 컴퓨터의 Karma와 Nirvana가 생각나서 펼쳐보고 근 2년이 넘게 무료(無聊)하면 읽었다.

저는 10대 중반 초에 명작의 정의를 내 나름대로 깨달았다. '비록 세상에 널리 읽힌 책이 아니라도 다시 읽고 싶은 내용의 책이 있으면, 그 책이 명작이다.' 좀 어설프고 진부한 표현이라도 책을 읽는데 진언(眞言)이 되는 말이다. '업과 피안'은 나에게 정말 명작이다. 불경치고 명작이 아님 경전은 없지만. 왜냐면 삼십여 번 이상을 읽었다. 읽을 때마다 새 맛을 새로 느꼈기 때문이었다.

아무리 읽어도 업과 피안이란 이 책을 경전의 반열에 올리는 일이 제가 지금까지 살아온 은혜를 갚는 길이라고 생각된다.

영국의 지성인인 폴 카루스르라는 불자님이 번역한 '업과 피안'의 원전이 산스끄리뜨어 판이든 빨리어 판이든 삼장중에 없는 내용은 없고, 경전의 해석서나 논서(論書)의 주해에 나오는 말씀이다. 아함경을 비롯하여 모든 여래의 경전 내용이 문장마다 네온처럼 반짝거린다. 어떻든 카루스님이 번역한업과 피안은 제가 지금까지 읽은 경전의 내용에서 1mm도 비켜 간 내용은 없다.

이 경전을 정독하면 마음이 무엇인가? 나는 무엇인가를 누구나 짐작할 수 있고, 부처님의 근본적인 가르침을 쉽게 알 수 있다.

또 평생을 절에 다니고도 '내가 없다'라는 말씀을 이해하지 못한 불자가 대부분이고, 스님들도 자아에 대한 문제를 완벽하게 이해하지 못한 채 천화(遷化:불교인들의 별세를 표현한 말.) 하시는 분들이 더러 있다. 이 문제를 풀어 주는 글이 지금의 이 경전이다.

이 경전을 읽고 이해하고 실행하면, 어떤 세상에 언제 태어나도, 일곱 가지 대박 가운데 한 가지 대박은 반드시 태어날 때마다 언제나(부처님이 될 때까지) 터지는 삶을 누린다.

대박 1. '나'라는 존재를 이해하고 사는 분은, 현재는 물론 미래 세상에서는 '나'를 모르고 산 이들보다 우주의 공간보다 더 큰 차이가 나는 좋은 조건 속에 태어나 산다.

대박 2. '내'가 '무엇'인지를 논리적으로라도 터득하고 사는 분은 미래 세상 어디에 태어나든지 바른 법[부처님의 가르침]을 절대로 어기지 않는 분이 된다.

대박 3. 바른 견해로 바로 생각하고 바르게 실행하는 분은 언제 어디에 태어나든지 다른 사람들의 인도자로 귀감이 됨은 물론 제왕이 된다.

대박 4. '일체현상은 항시 변한다'는 사실을 인식하는 분은 언제 어디에 태어나도 분수 밖의 행복을 바라지 않는 분으로서 공명정대(公明正大)한 분이 된다.

대박 5. '나'라는 존재가 나 혼자 존재하지 않고 언제나 남과 함께 존재해야 함을 터득한 분은 자신의 이익을 위해 남에게 해로운 일을 절대로 하지 않는 분이 된다.

대박 6. 이 책의 어떤 부분이든지 읽고 생각과 마음이 변화해 '나'를 고쳐 자비심을 지니고 선행을 실천하면 언제나 어디서나 안 되는 일은 영원히 없게 된다.

대박 7. 일반적으로 부정적인 생각이나 부정적인 마음이나 부정적인 행동을 하지 않고, 언제나 나보다 다른 분을 먼저 돌보는 분이 되며, 언젠가는 반드시 왕자로 태어나 출가하여 도를 이루고 부처님이 된다.

이 경전을 읽고 '나'를 고치면서 살아가면 내 앞에 펼쳐진 신기루가 현실로 바뀐다. 사특한 견해로 살거나, 부정적인 행위를 하지 않는 이상. '내'가 무엇인지 왜 '내'가 없는지를 논리적으로 터득한 불자는 기쁨이 충만하여 부처님의 진짜 제자로서 부처님이 될 때까지 절대로 나쁜 세계·나쁜 나라·나쁜 지역·나쁜 사회·나쁜 가정에 태어나지 않는다. 태어날 때마다 언제나 세상 사람이 선망(羡望)하는 가정에 태어나, 부처님의 바른 가르침을 실행하고, 땀을 흘리는 인류가 필요로 하는 사람이 되어, 남을 위해 내 뼈가 휘도록 노력함은 물론, 자신보다 남을 위하는 기쁨을 헤아릴 수 없이 누리며, 언제나 이상향에서 우주의 주인공이 된다.

이 경전을 중역하는 데, 용기를 끓어 일으켜 준 설정 큰 스님과, 시봉한 소 보리심 불자님의 자비심에 감읍합니다.

3년 전에 타계한 가형 심 용진 영가의 정재로써 법보시를 도운 박 희자 불자는 건강하고 영가는 모든 부정적인 사고를 버리게 되어 지이다.

아무리 아직 사특(邪慝)한 늪에 빠져 있어도, 삼법인(三法印)을 이해하고 있는 한 말이다.

불기 2565(2021)년 매화 피던 어느 날

몽산 관일 계수

※ 어려운 말 풀이

걸식(乞食) : 음식을 얻어 먹다.

계율(戒律) : 부처님 제자들이 신분에 맞게 지키는 규칙.

네 고급 : 고대 인도에 있던 네 가지 계급.

① 바라문 ② 찰제리 ③ 폐사 ④ 수타라

만다라(曼荼羅) : 여기서는 불교적인 뜻이 아니고, 주문이란 뜻으로 쓰임.

바리 : 스님들이 걸식하는 밥그릇.

베다 : 브라만들의 성전.

브라만 : 바라문 집단들의 하느님.

비구(比丘) : 부처님 제자로 출가하여 수행하는 스님들.

사성제(四聖諦) : 네 가지 불변하는 진리.

① 이 세상의 삶은 고통이가 ② 고통의 원인.

③ 고통의 소멸. ④ 바른 길.

삼귀의(三歸依) : 부처님. 법. 스님에게 귀의하다.

삼법인(三法印) : ① 일체현상은 영원하지 않다.

② 일체현상에서 '나'는 없다.

③ 이상향에 이르러야 평온하다.

열반(涅槃) : 불교의 최고 이상은 이상향에 이르럼이다.

이상향(理想鄕) : 열반은 한자로 번역한 말. 피안도 같은 말이다.

이상향과 피안은 열반을 형상화한 말이다.

우리말로는 온 우주에서 제일 살기가 좋은 데라는 뜻이다.

출가(出家) : 집을 나와 스님이 됨을 뜻한다.

카스트 : 인도의 네 가지 계급.

팔정도(八正道) : 부처님이 되는 데 기초가 되는 여덟 가지 바른 길.

① 바른 견해 ② 바른 생각 ③ 바른 말 ④ 바른 직업 ⑤ 바른 생활

⑥ 바른 노력 ⑦ 바른 생각 이어 가기 ⑧ 바른 지혜

피안(彼岸) : 이상향과 같은 말,

논리로 접하는 불경

原題 나선비구경 那先比丘經

原題 밀린다팡하 Milindapañhã

몽산 관일 중역

발췌한 중역본을 내며

이 경전은 지금으로부터 약 2350여년 전후에 아라한 나가세나(Nagasena)스님과 그 당시 서북인도를 지배했던, 그리스 철학자 밀린다(Milinda)왕이 만나, 왕이 난해한 불교의 내용과 술어 등을 묻고, 스님이 명쾌하게 대답한 구어체의 문답집이다.

이경의 한글 대장경판, '맺는 말'을 참고하면, 전체 264회의 질문을 했고 264회 대답을 했다고 했다. 초기의 편집과 전해오면서 42회의 내용이 없어졌다. 그리고 현재 전해지는 내용은 대론(對論) 84회, 논란(論難) 83회, 별론(別論) 1회 등, 전체 168회의 문답만 전해진다. 너무나도 안타까운 점이다.

이 대론으로 표현된 내용은 2400여년 이전의 질문과 대답이라기보다 지금 고도의 지식적 소양을 가진 불자의 물음이고, 대답이다. 이 대론과 논란을 정독하는 분은 부처님의 가르침 전체를 터득하여 주위의 여러분들에게 여의주를 선사할 수 있는 불자가 됨을 믿어도 된다.

스님들과 불교학자들이 이 문답서를 '경전'이다. '경전이 아니다'로 왈가왈부(曰可曰否:경전이란 말이 맞다. 경전이 아니다.)하지만, 부처님께서 부처님 자신의 말씀으로 인정하는 다섯 가지 경우의 말씀이 대지도론(大智度論)에 기록되어 있다.

1. 부처님께서 직접 하신 말씀.
2. 보살이 부처님의 위촉을 받고 하신 말씀.
3. 부처님 제자 분이 부처님의 가르침에 따라서 하신 말씀.
4. 지식인의 말이 올바르고 진실하여, 불보살과 제자들의 말씀과 같은 내용의 말씀.
5. 벌레들이 나무 잎을 긁어먹은 자국의 내용이라도, 4번의 경우와 같을 때, 부처님 말씀이라 한다.

대지도론의 가르침은 영원한 빛이다. 비록 사견(邪見)으로 물었거나, 유위법에 대하여 물었어도, 아라한이셨든 나가세나 존자님의 말씀이 부처님의 말씀에 1 나노분의 1도 벗어나지 않기 때문에 '이 불교 서적을 '불경'이다 '불경'이 아니다.'라고 따질 필요는 없다.

중역자가 이해하려고 노력해도 긍정이 잘 안되는 부분은 이 발췌본에서 우선 제외했다.

이 여의주에 주제넘게 빠졌다. 이중번역을 완료함이 불

은(佛恩)과 사은(師恩)을 갚음이 저의 금생 빚이라 생각하고, 전체 완료를 서원하며, 도반들의 질정(叱正)을 받고 싶어, 우선 발췌본을 간행하니, 가차 없는 질책(叱責)을 주시면, 더 없는 홍복(鴻福)이겠다.

이 발췌본을 책답게 만들게 해 준 분들에게 불은이 있기를.

불기2565년 입춘 절

몽산 관일 계수

귀의하고
공경하다

하신 일 모두가 구족 하시며
세간에 이익을 주는 위대한 성자중에 성자
부사의 한 힘을 지닌
최승의 스승이신 부처님께 귀의합니다.

가르치신 내용 모두가 구족 하셔서
버릴 게 없는 모든 경전들
광명을 사방으로 발산하는 불전들
최승의 법에 귀의합니다.

계율의 온전한 공덕을 갖추고
네 가지 과위(果位)에 이르러
위없는 복전이 되시는
성스러운 승가에 귀의합니다.

위의 세 가지 보배에

귀의함으로써 복이 생기고
그 위력에 의하여
저에게 모든 장애는 없어져 지이다.

밀린다 왕 문경은
물음과 대답으로 이루어져
이 경을 읽는 이들에게 복덕을 주니
이 오묘한 문답에 몰입하면 뜻밖의 대박을 만나리.

서시 (序詩)

옛날 유명한 수도 사가라에 밀린다 왕은
당시 저명한 아라한 나가세나 스님을 예방했다.
마치 갠지스 강이
보다 깊은 바다로 흘러들어 가듯이.

담론(談論)에 솜씨 있는 왕은 진리의 횃불을 들고
마음의 어둠을 쫓아 버린 나가세나 스님에게
참과 거짓을 알아내는 여러 가지 문제점에 대하여
미묘하고 어려운 많은 질문을 했다.

이 질문에 주어진 해답은
듣는 이의 마음을 기쁘게 했고
귀를 즐겁게 하되
신기하고 기묘함을 넘어섰다.

존자님의 대답은 불전의 모든 핵심을 파헤쳐
비유와 논증으로 강하게 반짝이며

계율과 논리적인 학문의
신비한 심연에까지 스며들었기 때문이다.

오라, 그대들이여!
와서 그대의 머리를 활용하여 마음을 기쁘게 하라.
그리고 모든 의심을 잘 풀어주는
이들 미묘한 질문과 해답에 눈귀를 기울여라.

문답이 있기까지

목　차

1. 그리스인의 수도

전설에 의하면 그리스인[지금부터 약 2400여년 전후, 북인도를 점령하여 왕국을 세웠던 그리스 로마계 사람]들의 나라에 여러 가지 물건을 교역하는 중심지 사가라라는 산수(山水)가 수려하고 아름다운 수도(首都:서울)가 있었다.

이 도시는 공원과 정원과 작은 숲과 호수와 연못이 갖추어져 있어 낙원을 이루었다.

솜씨 있는 기술자가 설계한 도시다.

그리고 모든 적과 반역자들이 추방되었기 때문에 그곳 사람들은 불편이라곤 전혀 모르고 살았는데 용사가 방패였다. 여러 모양의 튼튼한 망루와 높은 성벽이 있고 우뚝 선 성문과 탑문을 설치하고 있었다. 그리고 그 한가운데에는 흰 성벽과 깊은 참호에 둘러싸인 국왕의 성채(城砦)가 보였다.

거리와 광장과 십자로와 장터가 잘 구획(區劃)되어 있고, 상점에는 많은 값비싼 상품이 화려하게 진열되어 있었다. 또 수백 개의 보시당(布施堂)이 화려하게 꾸며져 있고, 수

십만 채의 굉장한 저택이 히말랴야의 산봉우리처럼 늘어서 있었다.

거리는 코끼리와 말과 마차와 보행자들로 붐볐으며, 상냥한 남녀들이 짝을 지어 빈번히 출입하곤 했다.

온갖 신분의 사람들 즉, 왕족들과 사제들과 평민들과 노예 등이 보시당(布施堂)에 붐 볐다.

사람들이 모든 종족의 스승들(수행자와 바라문)을 환대하는 환성이 빈번했다. 그리고 도시에는 여러 학파의 지도자들이 많이 왕래 했다.

상점에는 카시에서 만든 옷과 코톰바라에서 짜낸 옷감과 갖가지 의류로 가득 했다. 또 보시당에서는 향내가 흘러나오고, 온갖 종류의 꽃과 향료에서도 그윽한 향기가 풍겼다. 마음을 홀리는 많은 재보가 가득히 차 있고, 화려한 상품을 진열한 상점들이 늘어서 있었다. 도시는 금·은·보석 등으로 가득 차 눈부신 보물나라와도 같았다.

곡식과 재산과 일용물자가 창고에 가득했다. 부유하기로는 마치 울타라쿠루(수미산 북쪽에 있다는 이상향)와 같고, 영광스럽기로는 마치 비사문천(천국에서 제일 갑부인 왕의 이름)의 수도인 알라카만다와도 같았다.

지금까지 우리는 사가라 지방에 관한 지리와 문물을 이야기해 왔다. 이제 우리는 두 사람(밀린다왕과 나가세나)의 전생 이야기와 갖가지 어려운 문제에 대하여 이야기해야 하겠다. 이것은 여러 가지로 나누어 이야기해야 한다.

그들의 전생 이야기, 밀린다왕의 어려운 물음, 이 특징에 관한 질문과 반론에서 생기는 어려운 문제, 추리에서 생기는 어려운 문제, 비유에 관한 논란(論難) 등이다.

이 가운데 밀린다왕의 난문은 특징에 관한 질문과 의문을 없애기 위한 문제 등 두 가지로 되어있고, 반문에서 생기는 난제는 긴 대목인 대품(大品)과 수행론자(修行論者) 등으로 되어있다.

2. 부처님의 예언

옛날 카샤파 부처님께서 불법을 펴고 계실 때, 갠지스 강 근방에 비구대중이 살고 있었다.

계율과 본분을 잘 지키는 비구들이 아침 일찍 일어나 긴 빗자루를 들고 마음속으로 부처님의 가르침을 생각하며, 경내 청소를 하는 울력이 일과의 하나였다. 쓰레기가 잔득 모였다.

어느 날 어떤 비구가 한 사미에게 그 쓰레기 더미를 치우라고 말했다.

그러나 그 사미는 못 들은척하며 지나가려 했다.

그래서 비구는 그를 '아주 고집 센 풋내기 사미'라 하며 빗자루로써 버릇을 고쳐 주려 하였다. 사미는 감이 거역 할 수 없어 울면서 그 일을 해치웠다, 그렇게 힘든 일을 한 사미는 첫째 발원을 했다.

'이 쓰레기를 치우는 공덕으로써 이상향에 이를 때까지 어디에 다시 태어나든지, 한낮의 태양처럼 커다란 위력과 위의를 갖추게 되어 지이다.' 그는 쓰레기를 치우고 갠지스 강으로 목욕하러 나갔다.

거기서 세차게 물결치는 갠지스 강물을 보고 두 번째 서원을 세웠다.

'이상향에 이를 때까지 어디에 다시 태어나든지 저 파도치는 갠지스 강물처럼 척척 대답하는 말재주와 다 할 줄 모르는 말재주를 갖추게 되어 지이다.'

그런데, 공교롭게도 빗자루를 헛간에 치워놓고 목욕을 하러 갠지스 강가를 배회하던 비구가 우연히 풋내기 사미가 서원하는 소리를 듣게 되었다.

그때 그 비구는 마음속으로 '사미도 저런 서원을 하는데 나라고 어찌 서원하고 수행하면 이룰 수 없겠는가'라며 서원을 했다. '이상향에 이를 때까지 어디에 태어나든지, 갠지스 강의 세찬 파도와 같이 다 할 줄 모르는 말재주를 갖게 되어 지이다. 특히 저 사미가 묻는 하나하나의 질문과 어려운 문제를 시원하게 풀어 줄 수 있는 능력을 갖게 되어 지이다' 이후 이 두 사람은 각기 천상과 인간계를 윤회하면서 한 부처님의 출현에서 다음 부처님의 출현까지의 기간을 지냈다.

이들의 미래 운명을 샤카무니(석가모니) 부처님께서 다음과 같이 예언하셨다.

'내가 열반한 오백년 뒤, 이 두 사람은 다시 이 세상에 태어난다.

그리고 내가 가르친 오묘한 진리[法]와 계율[律]은 이 두 사람이 문답하고 비유한 내용으로써, 그때, 풀기 어려운 실마리가 풀려 분명하게 되고, 훌륭한 논객으로서 누구나 접근하기 어렵고 굴복시키기 어려우며, 여러 조사(祖師)들도 범접하지 못할 최상의 논자라고 인정을 받느니라.'

3. 밀린다 왕의 등장

인도에서 체력·민첩성·용맹성에 있어서는 물론이오, 지혜에 있어서도 그와 대등한 사람은 아무도 없었다.

그는 또 아주 부유하였고, 무수한 병력을 거느렸다. 부유와 번창은 무력이 그 바탕이었다.

어느 날 밀린다왕은 사군(四軍:코끼리부대·기마 부대·전차부대·보병부대)으로 조직된 무수한 병사들을 시외에서 사열했다. 사열을 끝낸 뒤, 쾌락론자나 궤변론자들과 토론을 열망한 왕은 태양을 쳐다보고 나서 거기에 나온 신하들에게 말했다.

"아직 점심때도 되지 않았구나! 이처럼 일찍 궁전에 들어간들 무엇을 하겠는가. 현자든 수행자든 바라문이든 또는 교단이나 학파의 지도자든 대중의 도사(導師)라고 자칭하는 이들과 심지어 불교를 수행하여 도를 통한 분들까지 포함하여 누구나 나와 토론하여 나의 의문을 풀어 줄 사람은 없을까."

"대왕님이시여. 여섯 논사(論師)가 있습니다. 푸라나-카샤파·막칼리-고사알라·니간다-나하파풋타·산자야-벨라타풋타·아지타-케사캄발린-파구타·캇자야나 등이 있습니다. 그들은 유명한 교단(敎團)의 창설자들로서 세상에 잘 알려져 있고, 학파의 태두(泰斗)로서 존경을 받고 있습니다.

대왕님이시여. 그들에게 난문을 털어놓으시고 의문을 푸십시오."

그래서 밀린다 왕은 500명의 그리스 사람을 거느리고 화려한 이륜마차를 타고 푸라나-카샤파에게 가서 다정하게인사를 나누고 공손히 한 쪽으로 비켜 앉았다.

그러고 나서 물었다.

"카샤파 존자(尊者)님. 무엇이 세계를 지배합니까."

"대왕님, 땅(地)이 세상을 지배합니다."

"그러나 카샤파 존자님. 만약 땅이 세계를 지배하고 있다면 무간지옥(無間地獄)에 떨어진 사람들[有情]은 어떻게 해야 지옥에서 벗어나게 됩니까."

이 질문을 받고 푸라나-카샤파는 대꾸할 수도 또 안 할 수도 없어, 고개를 푹 숙인 채 입을 다물고 묵묵히 앉아 있었다.

밀린다왕은 다음 막칼리-고사알라에게 가서 물었다.

"고사알라 존자님. 선행과 악행이 있습니까. 또 선행과 악행의 결과인 과보(果報)가 있습니까."

"대왕님. 선행이란 없습니다. 또 선행과 악행의 결과인 과보도 없습니다. 이 세상에서 왕족은 저세상에 가서도 다시 왕족이 됩니다. 또 이 세상에서 제사장과 평민과 노예는 저세상에 가서도 마찬가지로 각각 그렇게 됩니다. 어찌 선행과 악행 따위가 있겠습니까."

"고사알라 존자님. 만일 그대가 말한 대로 유추(類推)한다면, 이 세상에서 손을 잘린 사람은 아무리 선행을 해도 저세상에 가서는 손을 잘린 사람이 되어야 합니다. 마찬가지로 손·발·귀·코를 잘린 사람은 똑같이 각각 그러한 사람이 되어야 하지 않겠습니까."

이 말을 듣고 고사알라는 말문이 막혀 버렸다.

그때 밀린다왕은 마음속으로 생각했다.

'아! 전 인도가 속이 텅 비어 있구나, 인도는 실로 왕겨와 같구나. 수행자건 제사장이건 나와 대론(對論)하여 의심을 없애 줄 사람은 아무도 없구나.'

그래서 그는 시신들에게 이렇게 물었다.

"오늘은 정말 아름답고 즐겁다. 수행자나 제사장으로서

우리가 오늘 밤 찾아가 질문하고 담론하여 우리의 의문을 없애 줄 사람은 과연 누군가."

이 말을 듣고 시신들은 입을 다문 채 왕의 얼굴만 쳐다보고 서 있었다. 이런 일이 있자, 당시 사가라시에는 이십 여 년 동안 아라한 스님이나 삼장에 밝은 스님이나, 학식 있는 수행자나 제사장이나 도사들은 별로 살고 있지 않았다.

왕은 학식 있는 수행자·제사장·도사 등을 구별하지 않고 그들이 살고 있는 곳이면 어디고 찾아가 질문을 던져 보았다. 그러나 그들은 하나같이 왕의 난문을 풀어 왕을 만족 시키지 못했다.

그래서 그들은 이곳저곳으로 흩어져 갔고, 혹 다른 곳으로 떠나지 않은 사람들도 모두 침묵을 지키고 깊이 숨어 살았다.

4. 아라한 스님들의 숙의(熟議)

그리고 아라한 비구 스님들도 대부분 희말라야산으로 들어가 은거하였다.

그때 수많은 아라한들이 히말라야산 랏기다다라에 살고 있었다.

그리고 그중 제일 윗자리에 앉는 스님인 앗사굿타 존자는 하늘 귀로써 밀린다왕의 교만심을 안 다음, 유간다라산 꼭대기에 아라한 비구 대중들을 모아 놓고 물었다.

"비구 스님들이시여. 그대들 중에 밀린다왕과 대론(對論)하여 그의 의문을 풀어 줄 스님은 없는가."

비구들은 모두 고개를 숙이고 말이 없었다. 그는 두 번 세 번 똑같은 질문을 했으나 한 분도 입을 여는 스님이 없었다.

그러자 아라한 비구 스님들의 상수인 앗사굿타 존자는 대중에게 말했다.

"아라한 비구 스님들이시여. 삽삼천계(卅三天界)의 베자얀타 궁전 동쪽에 케투마티라는 천궁(天宮)이 있고, 그곳에 마하세나란 천자가 살고 있습니다.

그분만 밀린다왕과 대론하여 그의 의문을 풀어 줄 수 있습니다."

이 말을 들은 아라한들은 눈을 깜박하는 순간에 유간다라 산에서 사라져 도리천에 나타났다.

도리천 주인인 제석천 왕은 멀리서 오는 비구 스님들을 보고, 곧 앗사굿타 존자에게 가까이 가서 존자에게 인사드리고 공손히 한 쪽으로 비켜서서 존자에게 말씀했다.

"위대한 존자님. 비구 대중이 도착하셨습니다. 저희들에게 무슨 볼일이 있어서 오셨습니까. 저는 승단[僧家]의 원정(園丁)지깁니다. 제가 무슨 일을 도와드릴 수 있겠습니까."

존자가 대답했다.

"천제(天帝)님. 인도 사가라시에 밀린다라는 왕이 있습니다. 그는 논객으로서 누구나 대담(對談)하기 어렵고 굴복시키기 어려우며, 여러 아라한들보다 더 변재가 뛰어납니다. 그는 걸핏하면 비구 승단을 찾아와 사변적(思辨的:경험을 바탕으로 삼지 않고 순수한 논리적)인 논의와 질문으로써 아라한 스님들을 몹시 성가시게 합니다."

천제는 존자에게 말했다.

"존자님, 밀린다왕은 이곳 천계(天界)를 떠나 인간계에 태어난 자입니다. 케투마더이 천궁에 마하-나가세나란 천신이 살고 있습니다. 그 천신이라야 밀린다 왕과 대론하여 그의 의문을 풀어 줄 수 있습니다. 제가 그 천신에게 인간계에 태어나기를 간청해 보겠습니다."

제석천왕은 비구 대중을 앞에 모시고, 케투마더이 천궁에 들어갔다. 마하-나가세나 천신을 껴안고 인사한 뒤에 말했다.

"천신님. 스님들께서 그대가 인간세계에 태어나기를 간청합니다."

"존자님과 여러분 스님. 저는 업고(業苦)로 가득 찬 인간세계에 태어나기를 바라지 않습니다. 인간세계는 고통스러운 곳입니다. 존자님. 저는 여기 천계에서 점차 상계(上界)로 바꿔 태어나 이 천계에서 아라한이 되고 싶습니다."

제석천왕이 두 번 세 번 똑같이 간청을 했으나, 마하-나가세나 천신은 꼭 같은 대답만 되풀이했다.

그때 앗사굿타 존자가 마하-나가세나 천신에게 말했

다.

"천자님. 우리가 인간세계와 천상세계를 하늘 눈으로써 둘러보니, 그 대외에는 밀린다 왕의 이단론(異端論)을 논파하고 부처님의 진리를 그에게 이해시킬 수 있는 사람은 천자님을 제외하고는 이 우주에 아무도 없습니다. 천자님, 전 비구 대중이 천자님에게 이렇게 간청하려고 왔습니다. 위대한 천자님. 제발 인간세계에 다시 태어나 그대의 권화(權化)로써 부처님의 가르침이 인간 세상에서 빨리 없어지지 않도록 해 주시기 간절히 바랍니다."

이런 말을 듣고 마하-나가세나 천신은 생각했다.

'나는 확실히 저 왕의 이단론을 논파하고 부처님의 가르침을 그에게 이해시킬 수 있다.' 기쁨과 만족과 환희심이 일어나 말했다.

"존자님. 좋습니다. 저는 인간세계에 태어나기로 하겠습니다."

비구들은 천계에서 사명을 마치고 그곳에서 사라져 히말라야산의 랏기다다라에 나타났다.

앗사굿타 존자는 여러 비구들에게 말했다.

"대중스님들이시여. 아라한 비구 스님 중에 이번 대중공사(大衆公事)에 나오지 않은 아라한 스님은 안계십니까?"

어떤 아라한 비구가 대답했다.

"존자님, 히말랴야 산에 들어와 칠일 간 무심삼매(無心三昧)의 경지에 든 노하나 존자가 있습니다. 그분에게 사람을 보내십시오."

노하나 존자는 그 순간 무심삼매의 경지에서 깨어나 '승단이 자기를 기다리고 있다'는 사실을 알아차리고 히말라야 산으로부터 랏기다다라에 있는 아라한들 앞에 금방 나타났다.

앗사굿타 존자는 노하나 존자에게 말했다.

"노하나 존자님. 부처님의 가르침이 곤란한 처지에 놓인 이때, 존자님은 승단이 해야 할 일을 모르는 척하고 계시겠습니까."

"존자님. 저는 멸진정(滅盡定)에 들어서 모르고 있었습니다."

"존자님. 존자님은 벌을 받아야 합니다."

"저에게 벌을 주십시오. 달게 받겠습니다."

"존자님. 히말라야산 기슭에 가장가다라는 제사장들의 마을이 있고, 거기에 소눗타다라고 하는 제사장이 살고 있습니다. 그 집에 나가세나라는 어린애가 태어납니다. 존자님은 그 주위에 가셔서 칠년 10개월 동안 그 집으로 탁발을 다니십시오. 그리하여 나가세나를 불러내어 출가를 시키십시오. 그 애가 출가했을 때, 존자님의 벌이 끝납니다."

"예, 분부대로 하겠습니다."

5. 나가세나의 하계

그때 마하-나가세나 천신은 천계를 떠나 소눗타다라는 제사장의 아들로 잉태되었다.

잉태된 순간 세 가지 기이한 일이 생겼다. 눈길이 미치는 곳에 있는 병장기와 전쟁기구가 녹슬고, 푸른 곡식이 익고, 우기가 아닌데도 큰비가 내렸다.

노하나 존자는 마하-나가가세나 천자가 소눗타다 아내에게 잉태된 날부터 그 집에 탁발을 다녔다.

그러나 한 번도 밥 한술, 죽 한 술도 얻지 못했으며, 한 번도 인사말이나 합장이나 경례를 받지 못했다. 도리어 모욕을 주고 비아냥댈 뿐, '다음 집으로 가보라'는 말 한마디도 들어보지 못했다.

그러나 십여 개월이 되어가는 어느 날, 노하나 존자는 그 집에서 '딴 집으로 가보시라'는 말을 들었다.

그 날 제사장은 농사일을 마치고 집으로 돌아가는 길에 노하나 장로(長老)를 만나 이렇게 물었다.

"여보세요, 출가하신 스님, 내 집에 가셨습니까?"

"그렇습니다. 제사장님, 댁에 갔었습니다."

"당신은 내 집에서 무엇인가 얻었습니까."

"예, 얻다마다요. 큰 걸 얻었습니다."

그 말을 듣고 불쾌하게 생각한 그는 집에 돌아가 집 사람들에게 물었다.

"너희들은 그 수도승에게 무엇을 주었느냐."

"아닙니다. 저희 들은 아무 음식도 주지 않았습니다."

다음 날 그는 '오늘은 문가에서 기다리다가 수도승이 오면 거짓말한 이유를 따지기로 했다.' 마음먹고 있다가, 수도승이 문간에 나타나자 물었다.

"어제 내 집에서 아무 물품도 주지 않았다는데 당신은 '얻었다'라고 말했지요, 도대체 스님이 거짓말을 해도 괜찮은 겁니까."

"주인장, 나는 지금까지 당신 집에서 '다음 집으로 가 보라'는 말조차 듣지 못했습니다. 그런데 어제는 '다른 집으로 가 보시오'라는 말을 내게 했습니다. 내가 얻었다고 한 말은 바로 그 말을 들었다는 말입니다."

주인은 마음속으로 이렇게 생각했다.

'이 수도승은 인사말만 받고도 사람들에게 '나는 얻었

다'라고 말한다. 만일 먹을 음식이나 선물을 받는다면 어찌 '얻었다'라고 말하지 않겠는가."

주인은 그 '얻었다'라는 말에 감동되어 자기가 먹을 음식에서 한술 떠주고 수도승에게 말했다.

"당신은 매일 음식을 받아 가십시오."

소눗타다는 다음 날부터, 찾아오는 수도승의 담담한 태도를 보고 더욱더 기쁜 마음이 생겨, 수도승더러 자기 집에서 공양을 자셔 달라고 간청했다.

수도승은 묵묵히 만족스런 뜻을 보이고, 식사를 마친 다음 떠날 때는 언제나 부처님 말씀 한 구절을 외워 주고 갔다.

바라문의 아내는 달이 차 한 사내아이를 낳았고, 그 아이를 나가세나라고 불렀다.

아이는 자라 일곱 살이 되었다. 그때 나가세나의 아버지는 소년에게 말했다.

"귀여운 나가세나야, 너는 우리 집에 전해 오는 학문을 배우고 싶지 않느냐?"

"아버지, 그것은 어떠한 학문입니까."

"나가세나야, 그 학문은 세 종류의 베다다. 그 밖의 지식은 학예(學藝)에 지나지 않는다."

"예. 아버지 저는 베다를 배우겠습니다."

소늣타다는 곧 어떤 선생에게 적당한 연봉을 주기로 하고 초청했다.

집 안쪽 독채에 방과 침상을 마련해 두고 그 선생에게 말했다."

"선생님, 그대는 아무쪼록 이 아이에게 베다 성전(聖典)을 다 가르쳐 주십시오."

선생은 그 소년에게 베다 성전을 설명하고 되풀이해서 익히게 했다. 나가세나 소년은 한 번 배운 베다를 정확하게 외우고 그 성전의 심오한 뜻을 잘 이해했다.

한 번씩만 듣고, 삼베다(리구-베다 · 사마-베다 · 야주르-베다)를 다 이해했고, 그것들에 관한 어휘 · 의궤 · 음운론·어원론과 그리고 제4의 아다르바 베다와 제5의 역사 전설에 대하여 지혜의 눈이 열리고, 문법에 해박하고 순세론(順勢論)과 대인상(大人相) 즉, 관상학도 모르는 게 없었다. 이렇게 석 달이 되기 전에 모든 베다를 완전하게 다 통달하였다.

그때 나가세나 소년은 자기 아버지에게 말했다.

“아버지 우리 바라문 가문에는 이 밖에 또 배울 학문이 있습니까. 아니면 이런 학문이 전붑니까.”

“귀여운 나가세나야. 우리 바라문가에는 이 이상 배울 학문은 없느니라.”

소년은 선생에게서 마지막 학습을 마치고, 어느 날 집 밖 공원을 산책하였다. 그리고 전생의 습성에 따라, 마음이 움직여 조용한 곳으로 가 홀로 명상(瞑想)에 잠겼다. 그리고 자신이 배운 베다를 처음부터 끝까지 되새겨보고 그것들은 추호의 가치도 없는 내용임을 깨달았다.

그는 ‘이 베다는 정말 허망한 내용이다. 왕겨인 벼 껍질이다’라고 외치며, 더 가치가 있는 학문을 배우고 싶어 했다.

6. 나가세나의 출가

그때 노하나 존자는 바타니아의 승방에서 나가세나 소년의 생각을 알았다.

그래서 존자는 가사를 수하고 바리를 들고 바타니아의 승방을 떠나 카장카라 마을에 나타났다.

나가세나 소년은 문간에 서서 멀리서 오는 노하나 존자를 보았다.

소년은 존자를 보고 흐뭇하고 반가웠으며 언젠가는 존자로부터 진실한 진리를 배울 수 있으리라는 새 희망에 부풀어 올랐다.

소년은 노하나 존자에게로 가까이 가 공손하게 인사를 드리고 말했다.

"수행자님. 제가 어떻게 불러야 합니까?"

"나는 나이가 많고 알고 있는 도가 높으니 '존자님'이라고 불러라."

"존자님. 머리를 깎고 누런 옷을 입고 있는 존자님은 누구십니까."

"애야 나는 출가한 스님이다."

"존자님, 왜 존자님을 출가한 스님이라고 합니까."

"출가한 사람은 모든 악의 더러움을 멀리하기 위해서 출가한 사람이다. 애야. 그래서 나와 같은 차림을 한 이를 '출가한 스님이'라고 한다."

"존자님. 왜 존자님은 다른 사람처럼 머리를 기르지 않습니까."

"애야. 출가한 자는 출가 생활에 있어 열여섯 가지 장애를 간파하고 머리털과 수염을 깎는다. 열여섯 가지 장애란, 몸을 장식하는 장애, 아름답게 화장하는 장애, 기름을 바르는 장애, 머리를 감는 장애, 꽃 장식을 다는 장애, 향료를 쓰는 장애, 향을 바르는 장애, 가리로크의 마른 열매처럼 되는 장애, 아마르크가 마르는 장애, 염색 하는 장애, 머리털을 묶는 장애, 빗질하는 장애, 이발하는 장애, 머리털을 푸는 장애, 이가 생기는 장애, 머리털이 빠지면 한숨짓고 걱정하고 슬퍼하여 가슴을 치고 울며 고민하는 장애등이다.

애야, 이 열여섯 가지 장애를 가자고 사는 사람들은 모든 오묘한 학문을 천착(穿鑿:학문을 깊이 연구함)하지 못하느니라.”

“존자님, 왜 옷은 또 다른 사람의 옷과 같지 않습니까”

“얘야. 세상 사람들의 옷은 오욕을 떠날 수 없는 옷이다. 값이 비싼 세상의 좋은 옷은 자랑거리로 도둑들의 표적이 된다. 황색 옷은 옷으로부터 생기는 위험이 없다. 그래서 내 옷은 일반 사람들의 옷과 같지 않다.”

“존자님. 존자님은 모든 학문을 알고 계십니까.”

“그래 나는 이 세상의 모든 학문을 다 알고 있다. 이 세상 최고의 성전(聖典)도 다 알고 있다.”

“존자님. 그 성전을 저에게도 가르쳐 주시겠습니까.”

“응 가르쳐 주고말고.”

“그러면 저에게 그 성전을 가르쳐 주십시오.”

“아니다. 얘야. 지금은 안 된다. 나는 밥을 얻기 위해서 마을로 내려왔다.”

그때 나가세나 소년은 노하나 존자의 손에서 바리를 받아 들고 집안으로 안내하여 좋은 음식을 직접 가져다 드렸다.

노하나 존자가 식사를 마치고 바리에서 손을 떼자 소년은 존자에게 말했다.

"존자님, 지금 저에게 성전을 가르쳐 주십시오."

"얘야, 네가 열여섯 가지 장애에서 벗어나고, 부모님의 출가 동의를 얻어, 출가자의 옷을 입는다면, 나는 너에게 성전을 가르쳐 주겠다."

존자님의 말씀을 들은 나가세나 소년은 아버지와 어머니에게 가서 말했다.

"아버님, 어머님 저 존자님은 '이 세상에서 최상의 성전을 알고 있다'고 합니다. 그러나 출가하지 않으면, 그 성전을 가르쳐 주지 않겠다고 합니다. 저는 출가하여 저 분에게 성전을 배우고 싶습니다."

소년은 부모의 허락을 받고 출가했다.

부모들은 소년이 출가하더라도 성전을 배웠으면 했고, 또 배운 뒤 다시 집으로 돌아와 주기를 바라는 생각에서였다.

노하나 존자는 나가세나 소년을 데리고 바타니아의 비잠바 암자로 갔다.

거기서 하룻밤을 새우고 랏기다다라로 가 수많은 아라한들 앞에서 나가세나 소년을 출가시켰다.

그때 출가한 나가세나는 노하나 존자에게 말했다.

"존자님. 저는 출가하였고 스님께서 입는 옷을 입었습니다. 저에게 성전을 가르쳐 주십시오."

노하나 존자는 그에게 맨 먼저 무엇을 가르쳐야 할까. 경전인가 계율인가 아니면 논리적인 내용인가? 나가세나는 매우 총명하니까 논리를 쉽게 익힐 수 있으리라 생각하고 논을 먼저 가르쳤다.

나가세나는 노하나 존자에게 말했다.

"존자님, 더 설명하지 마십시오. 저는 그 내용을 기억하였으니 분석해 보겠습니다."

그리고, 나서 나가세나는 수많은 아라한이 있는 곳으로 가 그들에게 말했다.

"아라한 스님들이시여, 제가 선(善)의 성질, 불선(不善: 惡)의 성질, 선도 아니고 악도 아닌 성질 등 세 가지항목을 배열하여 그 내용을 논리적으로 설명하겠습니다."

"좋습니다, 나가세나 스님 설명해 보십시오."

나가세나 존자는 일곱 달 동안 일곱 개의 논(論)을 두루 설명했다.

그때 대지(大地)는 진동하고 모든 신은 칭찬하고 범천(梵天)은 박수치고 하늘로부터는 전단(栴檀)향 가루와 만다라 꽃이 나풀거리며 쏟아졌다.

그리고 수많은 아라한들은 나가세나 스님이 만 스무살이 되자, 랏기다다라에서 구족계를 주고 가르쳤다.

구족계를 받은 나가세나는 그날 밤을 새우고 아침 일찍 옷을 입고, 바리와 가사를 들고 탁발하러 마을로 들어갔다.

그때 그에게 이러한 생각이 떠올랐다.

'스승님은 정말 머리가 텅 비어있다.

정말 스승님은 어리석은 사람이다.

부처님의 말씀인 경전과 계율의 내용을 제쳐 놓고 맨 먼저 나에게 논장을 가르쳤으니.'

노하나 존자는 나가세나의 마음속 생각을 알아차리고 그에게 말했다.

"나가세나야, 너는 쓸데없는 생각을 했다. 그런 생각을 함은 너에게 가치가 없다."

이 말을 듣고 나가세나는 생각했다.

'아아, 정말 이상하고 놀라운 일이다.

나의 스승님께서 나의 마음속 생각을 아시다니, 나는 스승님께 사과를 드려야겠다.'

7. 앗사굿타 존자를 참배하다

“스승님. 저를 용서해 주십시오. 다시는 그런 생각을 하지 않겠습니다.”

“나가세나야. 나는 그 정도로는 너를 용서할 수 없다. 그런데 나가세나야. 사가라란 도시가 있지. 거기에 밀린다라는 왕이 있다. 그 왕은 사변적(思辨的)인 논리로 질문하여 비구승단을 대단히 괴롭히고 있다. 만일 네가 그곳에 가 그 왕을 논리로 격파하여 그로 하여금 삼보에 대하여 신심을 일으키게 한다면 나는 너를 용서하겠다.”

“스승님. 밀린다 왕 하나쯤은 문제가 되지 않습니다.

스승님. 설령 전 인도의 모든 왕들이 찾아와 저에게 질문을 하더라도, 스승님 저는 그 모든 난문에 답하여 해결할겁니다. 스승님 저를 용서해 주십시오.”

그러나 나가세나는 당장 그렇게 할 수 없음을 알고 노하나 존자에게 말했다.

“스승님. 우기 석 달 동안 저는 어디에 계시는 어떤 존자님을 모시고 지내야 할지 말씀해 주십시오.”

"나가세나야. 앗사굿타 존자가 지금 바타니야에 계신다. 너는 앗사굿타 존자를 찾아가거라. 내 이름으로 앗사굿타 존자의 발에 머리를 숙여 절하고 그분에게 이렇게 여쭈어라. '존자님. 스승님은 존자님의 발에 머리를 숙여 절하고 존자님께서 무병하신가라고 여쭈어 달라고 하셨습니다. 그리고 스승님께서 이 우기 석 달 동안 존자님 밑에서 지내도록 저를 보내셨습니다.' 또 그분이 '너의 스승은 누구냐고' 물으면 '존자님. 노하나 장로입니다'라고 하여라. 또 앗사굿타 존자께서 자기 이름이 무엇인지 아느냐고 물으면 '존자님 저의 스승님은 존자님의 존함은 알고 있습니다'라고 하여라."

"스승님, 감사합니다. 분부대로 하겠습니다."

나가세나는 노하나 존자에게 인사드리고 오른편으로 세 번을 돌고 물러나와, 바리와 가사를 손에 들고, 여러 지방을 차례차례 순력하면서 바타니야의 앗사굿타 존자가 계신 곳으로 갔다. 거기 도착하여 앗사굿타 존자에게 인사드리고 공손히 한쪽에 물러나 앉았다. 그리고 앗사굿타 존자에게 말씀드렸다.

"존자님. 저의 스승님은 존자님의 발에 머리를 숙여 절하고 존자님께 무병 안녕하신가 여쭈라'고 하셨습니다. 존자님. 저의 스승님은 이 우기 석 달 동안을 존자님 밑에서 지내라고 저를 보내셨습니다."

앗사굿타 존자는 나가세나에게 물었다.

"너의 이름은 무엇이냐."

"존자님 저는 나가세나라고 합니다."

"너의 스승은 누구냐."

"존자님. 저의 스승님은 노하나 장로라는 분입니다."

"그럼 나는 누군가 아느냐."

"존자님. 저의 스승님은 존자님의 존함을 알고 계십니다."

"좋아. 나가세나야. 바리와 가사를 거기 놓아라."

다음 날 나가세나는 앗사굿타 장로의 방을 청소하고 세숫물과 양치물을 준비했다.

그러나 앗사굿타 장로는 다시 그 방을 청소하고 준비해 놓은 물을 버리고 다른 물을 가져다 놓았다.

그리고 한마디 말도 하지 않았다.

그렇게 6일이 지났다. 칠일이 되는 날 장로는 나가세나에게 다시 지난번과 똑같은 질문을 했다.

나가세나도 지난번과 똑같은 대답을 했다.

장로는 그에게 우기 석 달 동안의 안거(安居)를 허락했다.

그때 거기에는 훌륭한 부인 신도 한 분이 앗사굿타 존자에게 생필품을 대드렸다.

우기 석 달 동안의 안거가 끝난 어느 날이었다. 부인신도는 앗사굿타 존자에게 와서 물었다.

"존자님, 슬하에 딴 비구가 있습니까."

"예. 나가세나라는 비구가 시중을 들고 있습니다."

"그럼 존자님, 내일 저의 집에 나가세나 비구와 함께 오셔서 공양을 하십시오."

앗사쿳타 존자는 묵묵히 승낙의 뜻을 보였다. 다음 날 점심 때 앗사쿳타 존자는 옷을 입고 바리와 가사를 들고 젊은 출가승 나가세나와 부인 신도의 집으로 가 미리 준비 해 놓은 자리에 앉았다.

부인 신도는 두 스님에게 맛있는 음식들을 손수 가져다 흡족히 드시도록 대접했다. 앗사쿳타 존자는 공양이 끝나자 바리를 손에서 내려놓고 나가세나에게 말했다.

"나가세나야, 이 부인 신도에게 감사드려라."

그리고, 앗사쿳타 존자는 자리에서 일어나 밖으로 나갔다. 부인 신도는 나가세나에게 말했다.

"나가세나 존자님. 저는 늙었습니다. 깊은 진리의 가르침으로써 저에게 축복해 주십시오."

나가세나는 그녀에게 출세간(出世間)의 공성(空性)에 관한 심오한 논장(論藏)을 말하며 축복해 주었다.

부인 신도는 즉석에서 '모든 생겨난 존재는 어떤 현상이든 없어진다'라고 하는 가르침을 듣고, 깨끗하고 더럽혀지지 않는 진리의 눈[法眼]이 열렸다. 나가세나도 부인 신도에게 축복한 설법을 끝낸 다음 자신이 설명한 진리의 가르침을 되짚어 살피다가 식별하더니 성인의 위치에 올랐다.

때마침 앗사쿳타 존자는 뜰 안 정자에 앉아 있다가 두 사람이 다 진리에 눈이 열린 사실을 알고 기쁨에 넘쳐 소리쳤다.

"잘 되었구나. 참 잘되었어, 나가세나야. 한 개의 화살을 쏘아 두 개의 과녁을 맞혔구나."

그때 수천 명의 천신들도 두 사람이 성류(聖流)에 든 일이 기뻐서 환성을 질렀다.

나가세나는 자리에서 일어나 앗사굿타가 계시는 곳으로 갔다.

앗사굿타 존자에게 인사드리고 한편으로 물러나 앉았고, 앗사굿타 존자는 한편으로 물러앉은 나가세나에게 말했다.

"나가세나야. 너는 지금 파타리풋타로 가거라. 거기 아쇼카 동산에 담마라카다 존자가 계신다. 너는 그분 밑에서 부처님의 가르침을 완전히 배워라."

8. 담마라카다 존자를 참배하다

“존자님. 파타리풋타는 여기서 얼마나 됩니까.”

“나가세나야. 1.944km다.”

“존자님, 길이 멉니다. 가는 길에 탁발하기가 어렵겠습니다. 저는 거기에 어떻게 가야 합니까.”

“나가세나야. 곧바로 가기만 하여라. 도중에서 쌀죽과 뉘를 골라 버린 쌀밥과 여러 가지 국물과 조미료 등 많은 음식을 얻을 수 있느니라.”

“존자님, 잘 알겠습니다.”

나가세나는 앗사굿타 존자에게 인사드리고 오른쪽으로 돌아 나와 바리와 가사를 들고 파타리풋타로 향하여 길을 떠났다.”

그때 파타리풋타의 큰 상인이 싣고 왔던 물건을 다 팔고, 5백대의 빈 수레를 이끌고 파타리풋타로 돌아가고 있었다. 그는 멀리서 걸어가는 나가세나를 따라잡고, 수레를 멈춘 다음 그에게 가까이 가 인사를 나누고 말했다.

“존자님. 당신은 어디로 가십니까.”

“장자님. 저는 파타리풋타로 가는 길입니다.”

“존자님. 마침 잘 되었습니다. 저도 그곳으로 갑니다. 저와 함께 아무 걱정을 마시고 가십시다.”

상인은 나가세나의 위의(威儀)에 만족하고, 좋은 음식을 흡족하도록 대접했다. 공양(식사)이 끝나자 상인은 허술한 자리를 깔고 한편으로 물러앉은 다음 나가세나에게 말했다.

“존자님. 당신 이름은 무엇이라고 합니까.”

“장자님. 저는 나가세나라고 합니다.”

“존자님. 존자님은 부처님의 가르침을 아십니까.”

“장자님. 저는 불경을 논리적으로 공부하는 학도입니다.”

“존자님. 저에게는 아주 다행한 일입니다. 저에게는 아주 유익한 일입니다. 저는 아비담마론을 배우는 학도인데 존자님께서 아비담마론을 알기 쉽도록 가르쳐 주시겠습니까.”

나가세나는 상인에게 아비담마론을 설명했다. 점차로 설명해 가는 도중에 ‘모든 생겨 난 존재는 어떤 현상이든 다 없어진다’라고 하는 대목에 이르러 깨끗하고 더럽혀지지 않는 진리를 듣고 눈이 열렸다. 상인은 오 백 대의 수레를 앞세우고, 존자와 함께 그 뒤를 따라갔다.

그리고 파타리풋타에서 그리 멀지 않는 갈림길에 이르렀을 때 나가세나 존자에게 말했다.

"나가세나 존자님. 저 길이 아쇼카 동산으로 가는 길입니다. 이것은 제가 가지고 있는 길이 약 6m, 너비 약 2m35cm인 유명한 값비싼 모직물입니다. 이 모직을 받으시고 저에게 은혜를 베풀어 주십시오."

나가세나는 자비를 베풀기 위해 그 모직물을 받았다.

상인은 환희에 넘치는 기쁨과 만족감과 행복감에 젖어 나가세나에게 공손히 인사드리고 그의 오른쪽으로 돌고 자기 갈 길을 떠났다.

나가세나는 아쇼카 동산의 탐마랏카타 존자가 계시는 곳으로 갔다. 가까이가 존자에게 인사드리고 자기가 찾아온 이유를 말씀드렸다.

그 후 나가세나는 담마랏카타 존자 밑에서 삼장(三藏: 經·律·論)을 체계적(體系的)으로 공부했다.

그는 처음 석 달 동안에 삼장의 뜻을 통달했다. 그때 담마랏카타 존자는 나가세나에게 말씀했다.

"나가세나야. 소는 소치는 사람이 먹이지만 소의 산출물[五味]은 사람들이 취하느니라. 그와 같이 너는 부처님 말씀인 삼장을 습득했으면서도 아직 출가한 수행자가 도달해야 하는 과위를 다 통과하지 못하고 있구나."

"존자님. 고맙습니다."

그날 초저녁부터 삼장을 되풀이하여 익히기 시작하여, 여명(黎明)에 접어들어 사물의 영상이 희미해짐을 보고, 무애지(無碍智:일체 이치에 구애되지 않는 지혜)가 열림과 동시 아라한 과위에 이르렀다.

그가 네 가지의 진리에 통달하자, 모든 신들은 칭송하며 환희에 들떠 소리 지르고, 대지는 진동하고 범천왕(梵天王)은 박수갈채하며 하늘로부터 전단 향 가루와 만다라 꽃이 눈처럼 쏟아져 내렸다.

바로 그때 수많은 아라한 스님들은 히말라야 산록의 랏기다다라에 모여 있었다. 그 스님들은 나가세나 존자가 아라한이 된 사실을 알고, 만나고자 열망하고 있었다. 나가세나 존자는 그 소망을 즉시에 알고, 아쇼카 동산에서 히말라야산의 아라한들 앞에 눈을 깜짝이는 사이에 금방 나타났다. 수많은 아라한들은 나가세나 존자에게 말했다."

"나가세나 존자님, 밀린다 왕은 난문(難問)과 반대론을 질문하여 비구 대중을 괴롭히고 있습니다. 나가세나 존자님. 밀린다 왕을 굴복 시켜 주십시오."

"존자님들 이시여. 밀린다 왕 뿐만 아니라 전 인도의 왕들이 한 꺼 번에 저에게 와서 질문하더라도 저는 모든 어려운 물음에 대답하여 해결하겠습니다. 스님들께서는 염려하시지 마시고 저와 함께 사가라시로 가시지요."

9. 교만해진 밀린다 왕

나가세나 존자와 아라한 비구들은 눈을 깜짝하는 순간에 히말라야 산에서 사라져 사가라시에 나타났다. 그때 사가라시는 등불 같은 황금 가사(袈裟)빛으로 변하고 선경(仙境)에서 흘러나오는 훈풍이 사방으로 퍼졌다.

그때 아유파라 존자는 상카이야 승방(僧房)에 살고 있었다.

그리고 밀린다 왕은 시신(侍臣)에게 이렇게 말했다.

"이 밤은 정말 아름답고 즐거운 밤이로구나. 수행자이건 제사장이건 가서 질문하고 대론하여 내 의문을 풀어줄 수 있는 자는 정말 아무도 없겠는가."

5백 명의 그리스인들은 대답했다.

"대왕님. 아유파라라 하는 장로(長老)가 있습니다. 그 분은 삼장(三藏:경전·계율·논서)을 통달하고 전승(傳承)된 가르침에 정통한 분입니다.

그 분은 지금 상카이야 승방에 머무십니다. 대왕님께서 그분에게 가서 질문해 보십시오."

"좋다. 그러면 존자에게 짐이 방문한다고 알려라."

궁정의 점성사(占星師)가 아유파라 존자에게 '밀린다왕이 방문하려고 한다'라는 말을 전했다.

"오라 하시오."

그래서 밀린다 왕은 궁전의 화려한 수레를 타고 오백명의 그리스인의 수행을 받으며 상카이야 승방 아유파라 존자가 있는 곳으로 갔다. 가까이 가서 그는 아유파라 존자와 다정하고 정중하게 인사를 나눈 다음 공손히 한편으로 비켜 앉았다. 그리고 그는 아유파라 존자에게 물었다.

"아유파라 존자님. 그대들은 무슨 목적을 이루기 위해 출가하셨습니까. 또 그대들에게 있어 최고의 목적은 무엇입니까."

"대왕님. 우리들이 출가를 하는 목적은 진리를 실천하고 이상향의 이상을 실현하기 위함입니다."

"존자님. 출가하지 않은 사람도 그렇게 될 수 있습니까."

"그렇습니다. 대왕님. 출가하지 않는 사람 가운데도 그러한 사람이 있습니다. 부처님께서 베나레스의 이시파타나 즉, 마가다야에서 진리의 가르침을 펴셨을 때, 1억8팔천만 명의 범천 신들과 무수한 신들이 진리를 파악(把握:손으로 꽉 잡아 쥐다.)하였습니다.

그 들은 모두 재가 제자였습니다. 출가자는 한 분도 없었습니다. 그리고 또 부처님께서 상갓사성의 성문에서 대회경(大會經) · 대길상경(大吉祥經) · 등심경(等心經) · 교계나후경(教誡羅睺經) · 파멸법(破滅法)을 말씀하셨을 때, 무수한 신들이 진리를 파악하기에 이르렀습니다. 그들은 모두 재가자였고 출가자는 하나도 없었습니다."

"아유파라 존자님, 그렇다면 그대들의 출가는 무의미합니다. 스님들이 출가하여 여러 가지 두타(頭陀:스님들이 수행 방법의 한 가지)를 엄수해야 함은 전생에 지은 죄업의 결과임에 틀림이 없었습니다. 한 자리에서만 식사를 하는 비구들은 전생에 남의 음식을 빼앗은 도적이었습니다.

그들은 전생에 남의 음식을 빼앗은 행위의 결과로 지금 한 자리에서 식사를 하는 자가 되었습니다. 그들은 먹고 싶을 때 아무 때나 먹지 못하게 되어있습니다. 그들에게는 계행도 고행도 청정한 수행도 없었습니다.

또 집 밖에서 사는 비구들은 전생에 마을을 빼앗은 도

적이었습니다.

그들은 전생에 남의 집을 부순 업보로써 지금 집 밖에 사는 자가 되었습니다.

그들은 가정이 없이 살고 집을 향유할 수 없게 되어 있습니다. 또, 앉은 채로 눕지 않는 비구들은 전생에 길 가는 사람들을 붙잡아 묶어 놓았던 노상강도였습니다. 그들은 그러한 못된 행위의 결과로 지금 앉은 채 눕지 못하고 잠자리에 누워 잘 수 없게 되어있습니다. 그들에게는 계행도 고행도 청정한 수행도 없습니다."

그때 오백 명의 그리스인들은 밀린다 왕에게 말했다.

"대왕님. 장로는 박식하고 현명한 분입니다. 그러나 자신이 없어 한 마디도 대답하지 못합니다."

밀린다 왕은 침묵하는 아유파라 존자를 보고 손뼉을 치며 말했다.

"정말 전 인도는 빈 껍질이다. 정말 왕겨와 같다. 대론하여 나의 의심을 없애 줄 수 있는 출가자나 수행인이 한 사람도 없구나."

그러면서도 밀린다 왕은 주위를 둘러보고 그리스인들의 두려움이 없고 침착한 태도를 보고 생각했다.

'아니야, 이 그리스인들이 이러고 있음을 보면 틀림없이 나와 대론 할 수 있는 박식한 비구가 있을 거야.'

그래서 밀린다 왕은 그들에게 물었다.

"신하들아. 나와 대론하고 나의 의심을 없애 줄 수 있는 다른 박식한 비구가 과연 아무도 없느냐?"

10. 나가세나와 밀린다 왕의 만남

그때 나가세나 존자는 비구들을 거느리고 촌락과 도시에 탁발하러 돌아다니면서 점차 사라가시에 접근하고 있었다. 나가세나 존자는 어느새 승단의 지도자요, 제자집단의 우두머리가 되었다. 그의 이름은 세상에 널리 알려져 명성이 높았고 많은 비구들의 존경을 받고 있었다.

그는 또 현자요, 학자요, 지자(智者)로서 총명하고 박식하고 교양 있고 지혜 있는 나가세나 존자가 되어있었다. 많은 지식을 들어 안 사람이요, 삼장에 통달한 사람이요, 또, 지혜가 있고, 전승된 교리에 정통하고 무애 자재한 이해력을 지니고 있었다. 또 그는 9부 경전과 중송(重頌)과 수기(授記)와 고기송(孤起頌)과 무문자설(無問自說)과 여시어(如是語)와 본생(本生)과 미증유(未曾有)와 방광(方廣) 등의 가르침을 통달한 사람이요. 최고 완전한 경지에 도달한 사람이오, 부처님 가르침의 정신과 경전문자의 설명을 잘 분간한 사람이오, 그는 여러 가지 질문에 응답하는 웅변에 자신이 있고, 담론에 솜씨 있으며, 늘 시원시원한 말로써 이야기했다. 그는 가까이 하기 어렵고, 굴복시키기 어렵고, 넘어서기 어렵고, 물리치기 어려운 분이었다. 그는 바다처럼 침착하되 넘치지 않고, 큰 산처럼 부동하되 사악함을 버리고, 암흑을 몰아내고 광명을 비추었다. 그는 또 굉장한 웅변가로 다른 제자집단의 지도자에 의하여 끌려 들어온 사람들을 고무시키고 이교도(異教徒)를 논파(論破)했다. 비구 비구니 남신도 여신도들과 왕, 대신들 사이에서 외경(畏敬:존경하며 어렵게 여기다.)을 받고, 숭앙을 받아 그들로부터 음식과 의복과 침구와 질병에 쓰는 약 등 네 가지 필수품을 공급받으며, 최대의 이익과 최상의 명예를 얻고 있었다.

그는 지혜를 얻으려고 찾아오는 사람들에게, 세존의 가르침인 아홉 가지 보배(아홉 가지 경전)를 천명(闡明:들어내서 밝히다.)하여 진리의 길을 보여주었으며, 진리의 횃불을 들어 진리의 성스러운 기둥을 세우고, 진리로써 회생됨을 축하하고, 진리의 기를 세우고, 진리의 나팔을 불고, 진리의 북을 울렸다.

그는 사자와 같이 으르렁거리는 소리로써 외치고, 하늘의 우레 소리와 같이 세상을 진동시키며, 고운 음성으로써 사방에 부처님의 가르침을 펴며, 뛰어난 지혜의 번개불같은 번쩍거림과, 사랑의 감로수로써, 충만한 진리의 비를 뿌려 온 세상 사람들을 윤택하게 하고 만족시키고 있었다.

당시 나가세나 존자는 8만의 비구들과 함께 사가라시의 상카이야 승방에 머물고 있었다.

옛사람들은 나가세나 존자를 찬송하며 이렇게 시를 읊었다.

박식하고 갖가지 담론에 솜씨 있고
총명하고 용기 있으며 교의(教義)에 정통하고
말이 시기에 들어맞았으니 삼장의 스승이요,
오부의 스승인 비구들도 나가세나를 어른으로 모셨다.

총명하고 지혜 깊은 나가세나 존자
그는 어느 내용이 바른 길이오
어느 내용이 잘못된 길인가를 알고
가장 적정한 이상향의 경지에 이르렀다.

현명한 자로서 진리의 유지를 담당한 분
비구들을 따라 마을과 읍을 두루 돌아

사가라시로 가 상카이야 승방에 머무니
아라한들 가운데 산중 사자처럼 나타났다.

그때 밀린다 왕의 신하 데바만티야는 왕에게 말했다.

"대왕님. 조금만 기다려 주십시오. 잠깐만 기다려 주십시오. 나가세나라는 장로가 있습니다. 그분은 박식하고, 유능하고, 지혜로우며, 용기 있고, 다문(多聞)하고, 담론에 뛰어나고, 말솜씨가 시원시원하며 부처님의 가르침을 해설함에 있어, 또 이단을 논파함에 있어 무애자재(無碍自在)한 이해력을 가진 최상의 담론갑니다. 그분은 지금 상카이야 승방에 머물고 있습니다. 대왕님. 그곳에 가셔서 그분에게 질문을 해보십시오. 그분은 대왕님과 대론하여 대왕님의 의문을 풀어 줄 수 있을 줄로 압니다."

밀린다 왕은 갑자기 나가세나에 대한 소개말을 듣자, 두렵고 불안하여 머리끝이 오싹했다. 그러면서도 그는 아무렇지도 않은 척하며 데바만티야에게 확인하며 물었다.

"정말 그런가."

"대왕님. 그분은 인드라·마야·바루나·쿠베라·푸라쟈파티·수마·상투시타(인도의 정신적 지도자들이 주장하는 천신들의 이름)등의 수호신들과 또 사람들의 조상인 부라흐마(인도인들이 생각하고 있던 인류의 시조며 세상을 만들었다는 범천왕 이름) 와도 대론 할 수 있습니다. 하물며 대왕님과의 대론뿐이겠습니까."

"그러면 데바만티야야, 그분에게 내가 찾아뵈러 간다는 전갈을 보내어라."

데바만티야는 왕의 분부대로 전갈을 보냈다. 나가세나 존자는 오셔도 좋다는 회답을 했다.

왕은 5백 명의 그리스인을 이끌고 궁전의 훌륭한 수레에 올라 수많은 수행원들과 함께 상카이야 승방에 나가세나 존자가 있는 곳으로 갔다.

그때 나가세나 존자는 팔만명의 비구와 함께 넓은 공원 안 광장에 앉아 있었다.

밀린다 왕은 나가세나 존자의 회중을 멀리서 보고, 데바만티야에게 물었다.

"데바만티야야 저 회중은 누구의 회중인가."

"대왕님. 나가세나 존자의 회중입니다."

그때 밀린다 왕은 그 회중을 멀리서 바라보고 두렵고 불안하고 또 소름이 돋았다.

밀린다 왕은 마치 코뿔소에게 포위당한 코끼리와 같이, 가루라(용을 삼킨다는 새)에게 포위당한 용과 같이, 큰 뱀에 포위당한 여우와 같이, 물소에 포위당한 곰과 같이, 뱀에게 쫓긴 개구리같이, 표범에게 쫓긴 사슴 같이, 뱀잡이에게 걸린 뱀과 같이, 고양이를 만난 쥐와 같이, 무당을 만난 악마와 같이, 자루에 담긴 뱀과 같이, 새장에 갇힌 새와 같이, 그물에 걸린 물고기와 같이, 뱀 숲에 들어간 사람과 같이, 임종을 맞이한 천인과 같이, 부들부들 떨고 두려워하고 불안해하다가 공포의 괴로움으로 정신이 어리벙벙했다. 그러나 적어도 사람들이 보는 앞에서 창피를 당하는 일만은 피해야 하겠다고 정신을 가다듬고 용기를 내어 데바만티야에게 말했다.

"데바만티야야, 네가 나에게 어느 분이 나가세나 존자인가를 가리켜 줄 필요는 없다. 네가 일러 주지 않아도 나는 나가세나 존자를 알아낼 수 있다."

"그렇습니다. 대왕님. 대왕님께서는 틀림없이 그분을 알아보실 테지요."

그때 나가세나 존자는 비구 대중 중에서 앞쪽 4만 명의 비구보다 젊고, 뒤쪽 4만 명의 비구보다 연소자였다. 밀린다 왕은 멀리서 앞뒤 중앙의 전 비구회중을 둘러보고 나가세나 존자가 그 비구회중의 바로 중앙에 앉아 있음을 알아냈다. 왕은 두려움이나 놀램이 없고 머리끝이 서는 일이 없고, 공포와 전율이 전혀 없는 그의 모습을 보고 그분이 바로 나가세나 존자임을 알아냈다. 그래서 데바만티야에게 '저분이 바로 나가세나존자냐'라고 물었다.

"그렇습니다. 대왕님. 저분이 바로 나가세나 존잡니다. 대왕께서는 나가세나 존자를 잘 알아보셨습니다."

왕은 남이 가리켜 주지 않아도 스스로 나가세나 존자를 알아보았노라고 기뻐했다.

그러나 밀린다 왕은 나가세나 존자를 보자마자 두렵고 얼떨떨하고 또 다시 머리끝이 오싹했다. 그래서 옛날 사람들은 그때의 정상(情狀:사실의 상태)을 이렇게 읊었다.

현명하고 청정하며
최상의 자기 통제를 유감없이
잘하는 나가세나 존자를 보고,
밀린다 왕은 이렇게 말했다네.

많은 논사(論師)를 만났고
많은 대론(對論)을 해 보았으나

지금까지 오늘처럼 놀람과 두려움으로
마음을 압도당한 일은 결코 없었다.

정녕코 오늘은 내가 패배(敗北)하고
승리는 나가세나 존자에게 가겠구나.
내 마음은 몹시 불안하다.
과거에 지은 업이 옥죔인가?

목 차

대론(對論)

물음 대답

1. 이름에는 인격적 개체가 없다

밀린다 왕은 나가세나 존자가 있는 공원 중앙으로 갔다. 가까이 가서 공손히 예배드린 다음 다정하고 정중하게 인사말을 나누고 예의 바르게 한 편에 비켜 앉았다.

나가세나 존자도 답례로서 왕의 마음을 기쁘게 했다.

밀린다 왕은 나가세나 존자를 향하여 질문을 시작했다.

"존자님은 어떻게 하여 세상에 알려졌습니까? 존자님의 이름은 무엇이라고 합니까?"

"대왕님. 세상에서 저를 나가세나라고 부릅니다. 저의 동료 수행자들도 저를 나가세나라고 부르고 있습니다. 그러나 저의 부모는 저에게 나가세나[龍軍] 또는 수라세나[勇軍] 또는 비라세나[雄軍] 또는 시하세나[獅子軍]라는 이름을 붙여 주셨습니다. 그렇지만 대왕님, 나가세나라는 이름은 명칭(名稱)·호칭(呼稱)·가명(假名)·통칭(通稱)에 지나지 않습니다. 이름에 인격적 개체(人格的個體) 즉, 육체

속에 영원불변 하는 '존재'나 '자아'는 인정할 수 없습니다."

그때 왕은 5백 명 그리스인과 8만 명 비구를 향하여 이렇게 말했다.

"나가세나 존자님은 '이름 속에 내포된 인격적 개체['자아' '나' '영혼' '마음' 등]는 인정할 수 없다'라고 말합니다. 지금 그 말을 믿을 수 있겠습니까?"

그리고 다시 왕은 나가세나 존자를 향하여 질문했다.

"나가세나 존자님. 만일 인격적 개체를 인정할 수 없다고 한다면 존자님에게 의복과 음식과 방석과 침구(床座)와 질병에 쓰는 약물 등의 필수품을 제공하는 자는 누굽니까? 또 물건을 받아서 사용하는 자는 누굽니까? 계행(戒行)을 지키는 자는 누굽니까? 수행(修行)에 힘쓰는 자는 누굽니까? 수도(修道)한 결과 이상향에 이르는 자는 누굽니까? 살생(殺生)을 하는 자는 누굽니까? 남의 소유를 훔치는 자는 누굽니까? 세속적인 욕망 때문에 바르지 못한 행동을 하는 자는 누굽니까? 거짓말을 하는 자는 누굽니까? 술을 마시는 자는 누굽니까? 무간지옥(無間地獄)에 떨어질 오역죄[五無間業]를 짓는 자는 누굽니까?

만일 인격적인 개체['자아' '나' '영혼' '마음' 등]가 없다고 한다면 공덕도 죄악도 없으며, 선행 악행의 과보(果報)도 없습니다. 존자님! 설령 존자를 죽이는 자가 있더라도 거기에 살생의 죄는 없습니다. 따라서 존자의 승단에는 스승[和尙]도 수계사[阿闍梨]도 구족계(具足戒)도 없다는 결론이 나옵니다. 존자는 저에게 말하기를 '승단의 비구들은 존자님을 나가세라라고 부르고 있다고 했습니다.' 그러면 나가세나라고 불리는 존재는 대체 무엇입니까? 존자님! 머리털이 나가세나라는 말씀입니까?"

"대왕님. 그런 말씀이 아닙니다."

"그렇지 않다면 존자님의 몸에 붙은 털이 나가세나라는 말씀입니까? 그렇지 않다면 손톱·살갗·살·힘줄·뼈·뼈골·콩팥·염통·간장·늑막·지라·폐·창자·창자막·위·고름(膏)·침·콧물·관절활액(關節滑液)·오줌·뇌·대변들 중 어느 하나가 나가세나라는 말씀입니까?"

나가세나는 그 어느 부분도, 그것들 전부도 모두 아니라고 대답했다.

"그렇다면 존자님! 물질적인 형태[色]·감수작용[受]·표상작용[想]·형성작용[行]·식별작용[識]이 나가세납니까?"

존자는 그 어떤 대상도 계속 아니라고 대답했다.

"그렇다면 이들 색·수·상·행·식이 모두 합쳐진 무더기가 나가세나라는 말입니까?"

"아닙니다. 대왕님."

"그러면 오온(五蘊)밖에, 어떤 다른 집합체가 나가세납니까?"

나가세나 존자는 여전히 아니라고 대답했다.

"존자님. 저는 존자님에게 물을 수 있는 데까지 물어보았으나 나가세나를 찾아낼 수 없습니다. 나가세나란 빈소리에 지나지 않습니다. 그렇다면 우리 앞에 있는 나가세나는 어떤 존재입니까? 존자님! 존자님은 나가세나는 없다고 진실이 아닌 거짓을 말씀했습니다."

나가세나 존자는 밀린다 왕에게 이렇게 물었다.

"대왕님. 대왕님은 왕족 출신으로서 호사(豪奢)스럽게 자랐습니다. 만일 대왕님이 한낮 더위에 뜨거운 땅이나 모래땅을 밟고 또 울퉁불퉁한 자갈 위를 걸어왔다면 발이 상했을 겁니다. 그리고 몸은 피로하고 마음은 산란하여 온몸에 고통을 느끼겠지요. 도대체 대왕님은 걸어서 오셨습니까?"

"존자님. 저는 걸어서 오지 않았습니다. 수레를 타고

왔습니다.”

“대왕님. 대왕님이 수레를 타고 오셨다면, 무엇이 수레인가를 설명하여 주십시오. 수레 채가 수렙니까?”

“그렇지 않습니다.”

“굴대가 수렙니까? 바퀴나 차체나 차틀이나 멍에나 밧줄이나 바퀴살이나 채찍이 수렙니까?”

왕은 이들 모두를 계속 아니라고 대답했다.

“그렇다면 이 물건들 전체가 수렙니까?”

“아닙니다. 존자님.”

“대왕님. 그렇다면 이 물체들 밖에 수레라고 하는 물체가 따로 있습니까?”

왕은 여전히 아니라고 대답했다.

“대왕님. 저는 대왕님에게 물을 수 있는 데까지 물어보았으나 수레를 찾아낼 수 없습니다. 그렇다면 대왕님이 타고 오셨다는 수레는 대체 무엇입니까? 대왕님. 대왕님은 수레는 존재하지 않는다고 진실이 아닌 거짓말을 한 셈이 됩니다.

대왕님. 대왕님은 전 인도에서 제일가는 임금님입니다. 무엇이 두려워서 거짓말을 하십니까?”

이렇게 물은 다음 나가세나 존자는 5백 명 그리스인들과 8만 명 비구들을 향하여 말했다.

"대왕님은 여기까지 수레를 타고 오셨다고 말씀하셨습니다. 그러나 어떤 물체가 수레인가 설명해 달라는 질문을 했을 때, 어느 물체가 수레라고 단정적인 주장을 내세울 수 없었습니다. 그대들은 대왕님의 말씀을 믿을 수가 있겠습니까?"

이 말을 듣고 5백 명 그리스인들은 환성을 올리고, 왕에게 말했다.

"대왕님, 말씀을 해보십시오."

그래서 밀린다 왕은 나가세나 존자에게 다시 말했다.

"존자님. 저는 거짓말을 한 게 아닙니다. 수레는 이들 여러 가지 부품, 즉 수레 채·굴대·바퀴·차체·차틀·밧줄·멍에·바큇살·채찍 따위 여러 재료가 필요한 기능을 하도록 만들었기 때문에 그것들을 반연하여 수레라는 명칭이나 통칭이 생겼습니다."

"그렇습니다. 대왕님께서는 수레라는 이름을 바로 파악하셨습니다. 마찬가지로 대왕께서 저에게 질문한 모든 대상, 즉 인체의 서른세 가지 유기물과 존재의 다섯 가지 구성 요소를 반연하여 '나가세나'라는 명칭이나 통칭이 생겼습니다. 대왕님 바지라 비구니 스님이 세존 앞에서 아래의 시를 읊었습니다."

마치 여러 부분이 모여
수레라는 말이 생기듯
다섯 가지 구성요소(五蘊)**가**
존재 할 때 생명 있는
존재[有情]**란 이름이 붙어집니다.**

"훌륭하십니다. 나가세나 존자님. 정말 희한하십니다. 제가 존자님에게 한 질문은 매우 어려웠습니다만 훌륭하게 대답 하셨습니다. 만일 부처님께서 여기 계신다면 존자님의 대답을 틀림이 없다고 하셨을 겁니다. 잘 말씀하셨습니다. 나가세나 존자님 정말 감사합니다."

2. 나이는 지금의 나를 만들어 온 햇수

"존자님. 존자님의 법랍(法臘)은 얼마입니까?"

"대왕님. 일곱입니다."

"존자님. 존자님께서 말씀한 일곱이란 무엇을 말합니까? 스님이 일곱입니까? 아니면 햇수[日數]가 일곱이란 말씀입니까?"

바로 그때 온몸을 화려하게 장식한 밀린다 왕의 그림자가 땅과 물 항아리 속에 비쳤다. 나가세나 존자는 왕에게 물었다.

"대왕님. 대왕님의 그림자가 땅 위와 물 항아리 속에 비쳤습니다. 대왕님이 왕입니까? 아니면 저 그림자가 왕입니까?"

"나가세나 존자님. 제가 왕입니다. 그림자는 나로 인하여 생겼습니다."

"대왕님. 마찬가지로 법랍의 햇수가 일곱이라는 말이요. 내가 일곱은 아닙니다. 대왕님. 대왕님의 그림자의 경우처럼, 나로 인연하여 일곱이란 말이 생겼습니다."

"훌륭하십니다. 존자님! 정말 희한하십니다. 저의 질문은 아주 어려웠는데 간단하고 명료하게 말씀 해 주셨습니다."

3. 대론을 위한 조율(調律)

대화를 계속하기 위한 조건

"존자님. 저와 계속 대론(對論)하시겠습니까?"

"대왕님. 만일 현자(賢者)로서 대론을 원하신다면, 저는 대왕님과 언제나 대론을 하겠습니다. 그러나 왕자(王者)로서 대론을 원하신다면, 저는 대왕과 대론 하지 않겠습니다."

"존자님. 현자로서 하는 대론은 어떻게 하는 겁니까?"

"대왕님. 대체로 현자끼리의 대론에 있어서는 문제가 제기되면 해명하고 해설하고 비판하고 수정하고 반박(反駁)하지만, 그러나 그 말 때문에 문제가 야기(惹起)되는 일이 없습니다. 대왕님. 현자는 진실로 이렇게 대론합니다."

"존자님. 왕자로서 하는 대론은 어떻게 하는 겁니까?"

"대왕님. 왕자들은 대개 대론에 있어서 한 가지 일을 주장하고, 한 가지 문제만을 밀고 나가며, 만일 그 일과 그 문제를 따지고 이의(異議)를 제기하면, '이 사람에게는 이러 이러한 벌을 주어라'라고 명령합니다. 대왕님. 왕자는 바로 이렇게 대론 합니다."

"좋습니다. 저는 왕자로서가 아니라 현자로서 대론하겠습니다. 존자님께서는 마치 비구나 사미나 신도나 일반인들과 대론 하듯이 마음 놓고 거리낌 없이 자유롭게 대론해 주십시오. 조금도 염려하지 마시길 바랍니다."

"대왕님. 좋습니다."

"존자님. 질문 하겠습니다."

"대왕님. 말씀해 보십시오."

"존자님. 저는 이미 질문을 했습니다."

"대왕님. 저는 벌써 해답을 했습니다."

"존자님은 무엇을 대답하셨습니까?"

"대왕님. 그렇다면 무엇에 대하여 물으셨습니까?"

밀린다 왕은 이렇게 생각했다.

'이 비구는 위대한 성인이다. 정말 나와 대론 할 수 있다. 나는 그에게 물을 내용이 많다. 그에게 모든 의문점을 묻기 전에 해는 서쪽으로 진다. 그렇다면 나는 내일 궁전(宮殿)에서 대론함이 좋겠다.'

그래서 왕은 데바만티야에게 말했다.

"데바만티야야. 너는 존자님에게 왕과의 대론을 내일

궁전에서 하자고 여쭈어라.”

미린다 왕은 존자에게 작별 인사를 하고 말에 올라, ‘나가세나! 나가세나!’를 중얼거리면서 왕궁으로 돌아갔다.

데바만티야는 나가세나 존자에게 대왕의 전갈을 그대로 전했고, 존자는 그의 제의(提議)를 흔쾌(欣快)히 받아드렸다.

다음날 아침 일찍 데바만티야와 안타카야와 만쿠라와 삽바딘나는 왕에게 가 이렇게 아뢰었다.

“대왕님. 나가세나 존자가 오늘 오십니까?”

“그렇다. 그분은 오늘 오신다.”

“그분은 얼마나 많은 비구들과 오십니까?”

“그분이 원하는 만큼 많은 비구들과 함께 오신다.”

삽바딘나는 왕에게 말했다.

“그분더러 열 분의 비구만 함께 오시라고 하십시오.”

왕은 삽바딘나에게 다시 말했다.

“모든 준비는 다 되었다. 몇 사람이든 그분이 원하는 만큼 많은 비구와 함께 오시라고 하여라.”

삽바딘나는 왕에게 거듭 말했다.

"그분더러 열 분의 비구와 함께 오시라고 하십시오."

"만반의 준비가 되어있다. 너에게 거듭 말한다. 몇 분이 든지 그분이 원하는 대로 함께 오시라고 하여라. 삽바딘나는 나의 뜻을 어기고 스님의 수를 제한하려고 하는구나. 그렇게 되면 내가 많은 비구들에게 음식을 보시하기 싫다는 뜻으로 그분은 생각하지 않겠는가?"

이 말을 듣고 삽바딘나는 무안해했다.

4. 인체에 영혼 · 정신 · 마음 · 성령 등은 따로 없다

데바만티야 · 아난타카야 · 만쿠라는 나가세나 존자에게 가서 '왕은 얼마든지 존자님께서 원하는 만큼 많은 비구와 함께 오시라고 하십니다.'

나가세나 존자는 그날 오전 가사를 입고 바리를 손에 들고 8만 명의 비구와 함께 사가라로 갔다.

아난타카야가 나가세나 존자에게 가까이 가서 이렇게 물었다.

"존자님. 제가 존자님이라고 말할 때 그 존자님은 무엇입니까?"

"그대는 나를 무엇이라고 생각하는가?"

"호흡(呼吸)하는 분이 존자님이라고 생각합니다."

"들이쉬고 내 쉬는 숨이 돌아오지 않거나, 나가지 않는다면 그 사람은 살아있을 수가 있겠는가?"

"존자님. 그렇지 않습니다."

"피리 부는 사람들이 피리를 불 때, 그들이 내쉰 숨이 다시 그들에게로 돌아가는가?"

"아닙니다. 존자님."

"그렇다면 그들은 왜 죽지 않는가?"

"저는 존자님과 같은 논리가 정연(整然)한 분과는 토론할 수 없습니다. 존자님. 그 뜻이 어떠한가를 말씀해 주십시오."

"호흡하는 인체에는 영혼·정신·마음 등은 따로 없네. 호흡은, 신체구조가 계속적으로 하는 활동에 지나지 않는다네."

이렇게 대답하고, 그리고 그에게 아비담마론을 인용하여 보충 설명을 해 주었다. 그 결과 아난타카야는 승단의 시주가 되겠다고 맹세했다.

5. 출가의 목적

존자는 밀린다 왕의 궁전으로 가, 미리 마련된 자리에 앉았다. 왕은 존자와 그의 회중에게 잘 어울리는 음식을 충분히 대접하고, 각 비구에게는 가사 한 벌씩을, 존자에게는 가사 세 벌을 직접 보시[膳物]했다.

왕은 공양을 마치고 바리를 손에서 내려놓는 존자를 보고 말했다,

"존자님. 스님 열 분과 함께 여기에 앉으시고 나머지 스님들은 돌려보내 주십시오."

좌석이 정리되자 왕은 자리를 잡고 앉아 존자에게 물었다.

"존자님. 무엇에 대해서 대론 하시겠습니까?"

"우리는 진리에 이르기를 바라고 있습니다. 진리에 관해서 대론하면 어떻겠습니까?"

"존자님. 스님들이 출가한 목적은 무엇입니까? 또 존자님의 최후 목적은 무엇입니까?"

"왜 그걸 물으십니까? 우리가 출가한 목적은 괴로움

을 없애고 다시는 괴로움이 일어나지 않도록 하는데 있습니다. 세속에 대한 집착을 없애고 완전히 해탈함이 최후의 목적 입니다."

"존자님. 그런데 비구들은 모두 그러한 고상한 이유로 출가했습니까?"

"대왕님. 진실은 그렇지 않습니다. 어떤 사람은 그런 이유로 출가했습니다만, 어떤 사람은 폭군에 대한 공포 때문에, 또 어떤 사람은 도적들의 공격을 피하기 위하여, 또 어떤 사람은 생활 수단으로써 출가했습니다."

"존자님은 무슨 목적으로 출가하셨습니까?"

"대왕님. 저는 어려서 출가했습니다. 그러므로 그때 저는 궁극적인 목적을 몰랐습니다. 그러나 저는 이렇게 생각했습니다. '이 스님은 현명하시고 지혜로운 분이시니까 나를 공부시켜 줄 수 있다'라고 생각했습니다. 그리고 저는 그분들에게 배워, 지금은 출가하는 목적과 자제(自制: 감정이나 욕망을 스스로 어제하다.)하는 목적이 무엇인가를 알았습니다."

"잘 알겠습니다. 존자님."

6. 윤회를 벗어나려면

“존자님. 죽은 뒤에 다시 태어나지 않는 분이 있습니까?”

“어떤 사람은 다시 태어나고, 어떤 분은 다시 태어나지 않습니다.”

“그러면 어떠한 사람은 다시 태어나고 어떠한 분은 다시 태어나지 않습니까?”

“죄업이 남아있는 사람은 다시 태어나고, 죄업이 없어진 분은 다시 태어나지 않습니다.”

“스님은 다시 태어납니까?”

“죽을 때 마음이 생존에 대한 집착을 가지고 죽는다면 다시 태어나고, 생존에 대한 집착이 없이 죽는다면 다시 태어나지 않을 겁니다.”

“잘 알겠습니다. 존자님.”

7. 지혜(智慧)의 작용

지혜는 번뇌(煩惱)를 없앤다

"존자님. 주의 작용의 특징은 무엇이며 지혜의 특징은 무엇입니까?"

"주의의 작용은 세속을 벗어남에 필요한 수행을 움켜잡음을 특징으로 하고, 지혜는 부정적인 마음을 끊어버림을 특징으로 합니다."

"주의 작용은 어떻게 하여 움켜잡음을 특징으로 하며, 지혜는 어떻게 하여 끊어버림을 특징으로 합니까? 비유를 하나들어 주십시오."

"대왕님은 밀을 베는 사람들이 밀을 어떻게 베는 줄 아십니까?"

"예. 알고 있습니다."

"그 사람들은 어떻게 밀을 벱니까?"

"왼손으로 밀대를 움켜잡고 오른손으로 낫을 사용해 밀을 벱니다."

"대왕님. 이를테면 그와 같습니다. 출가자[修行者]는 사고력에 의하여 자기 마음을 움켜잡고, 지혜로써 부정적인 자기의 번뇌를 끊어버립니다. 이와 같이하여 주의 작용은 움켜잡음을 특징으로 하고, 지혜는 끊어버림을 특징으로 합니다."

"잘 알았나니다. 존자님."

8. 계행(戒行)의 특징

계행은 일체 선법의 근거다

"존자님. 또 그 밖의 선법(善法)이라고 하셨는데, 그 선법이란 어떤 법입니까?"

"대왕님. 계행·신앙·노력·한 가지만 생각함[專念]·정신통일[禪定]·지혜 등이 선법입니다."

"계행의 특징은 무엇입니까?"

"계행은 일체 선법의 근거가 됩니다. 즉, 다섯 가지 식별하는 근거·일곱 가지 깨침에 필요한 요건[七覺支]·여덟 가지 올바른 길[八正道])·네 가지 전념의 확립[四念處]·네 가지의 바른 노력[四正勤]·네 가지 뜻대로 이뤄지게 하는 신통[四神足]·네 단계의 선정[四禪]·여덟 가지의 해탈[八解脫]·네 가지의 정신 통일[四定]·여덟 가지의 마음 선정[(八等至] 등, 하나하나가 모두 계행을 근거로 확립됩니다. 대왕님. 계행이 확립된 사람에게 일체의 선법이 축나[缺損:축이 나다.]는 일은 없습니다."

"실례를 하나 들어 주십시오."

"대왕님. 생겨나고 성장하고 번성하는 모던 동식물은 어떤 동식물이든지 땅을 근거로 하여 생겨나고 성장하고 번성합니다. 마찬가지로 불자들은 계행에 의존하고 계행을 근거로 하여 다섯 가지 도덕적 능력 등을 증진 시킵니다."

"다시 한 가지 비유를 더 들어 주십시오."

"대왕님. 땅에서 해야 할 일은 무슨 일이든 땅에 의존하고, 땅을 근거로 행하여집니다. 마찬가지로 출가한 스님들은 계행에 의존하고 계행을 근거로 하여 끝[이상향]에까지 이릅니다."

"더 쉬운 비유를 들어 주십시오."

"대왕님. 도시의 설계자가 도시를 건설하려고 할 때, 맨 먼저 도시의 터를 확정하고, 나무 그루터기나 가시덤불을 치우고, 지면을 평탄하게 한 다음, 거리와 광장과 십자로와 상가 등을 배치하여 도시를 건설합니다. 마찬가지로 출가자는 계행에 의존하고, 계행으로 기반을 확립함으로써 다섯 가지 도덕적 능력 등을 자기 스스로 증진 시킵니다."

"하나 더 비유를 들어 주십시오."

"대왕님 곡예사가 자기 기능을 선보이려고 할 때, 땅을 파고 돌과 깨진 기와를 제거하여 땅을 부드럽게 한 다음, 그 부드러운 땅 위에서 자기의 기능을 연출해 보입니다. 마찬가지로 출가자는 계행에 의지하고, 주춧돌[礎石]인 계행을 확립함으로써, 다섯 가지 도덕적 노력 등을 발전시킵니다. 대왕님. 세존께서는 다음과 같이 말씀하셨습니다."

지혜 있는 사람은
계행을 근거로 하여
마음을 길들이고
지혜를 늘릴 수 있느니라.

열의 있고 깨우친 비구는
인생의 모든 끈을 푼다.
마치 대지가
생물의 근거가 되듯이

계행을 기본한 최상의 계율 내용은
선(善)을 증대시키는 근본이요.
또 부처의 가르침으로
들어가는 문이니라.

"잘 알겠나이다. 존자님이시여."

9. 신앙의 특징

신앙의 특징은 청정과 대망이다

"존자님. 신앙의 특징은 무엇입니까?"

"대왕님. 청정해짐과 큰 희망입니다."

"청정이 어떻게 하여 신앙의 특징이 됩니까?"

"대왕님. 마음에 신앙심이 솟아 날 때, 신앙심은 다섯 가지 장애(즉 탐욕·성냄·나태·자만·의심)를 쳐부수며, 또 장애를 벗어 난 마음은 가라앉고 맑고 깨끗해 흐림이 없어지게 합니다."

"비유를 하나 들어 주십시오."

"대왕님. 가령, 전륜성왕(轉輪聖王)이 네 종류 군대를 거느리고 출동하는 도중 조그마한 강을 건넌다고 합시다. 강물은 상군(象軍)과 기마군과 전차군단과 보병군단에 의하여 흐려지고 흙탕물이 되어버립니다. 그런데 강을 다 건너고 나서 왕은 부하들에게 누가 마실 물을 가져오너라. '물을 마시고 싶다'라고 명령했습니다. 그때 왕에게는 물을 맑게 하는 마니주(摩尼珠 또는 淸水珠)가 있었습니다.

부하들이 왕의 명령을 받들어 마니주를 강물에 대면 물풀은 없어지고 흙탕물은 가라앉아 강물은 금방 깨끗해집니다. 그때 비로소 부하들은 마실 물을 왕에게 가져다 바칩니다. 여기 마음은 강물과 같고 출가자는 부하들과 같습니다. 또 번뇌는 풀이나 흙탕물과 같고, 신앙은 물을 맑게 작용하도록 하는 마니주와 같습니다. 마니주를 물속에 넣자마자 물속의 풀이 없어지고 흙탕물이 가라앉아 물이 맑아지듯이 신앙심이 솟아 날 때 다섯 가지 장애는 없어지고 마음이 청정하게 됩니다."

"그럼 대망은 어찌하여 신앙의 특징이 됩니까?"

"대왕님. 출가자는 남들의 마음이 어떻게 해탈했는가를 성자류에 든 경지[豫類果]와 한번 이 세상에 왔다 가는 경지[一來果]와 두 번 다시 이 세상에 태어나지 않는 경지[不還果]와 아라한과(阿羅漢果)에 이른 경지 등에 뛰어들어, 아직 이르지 못한 곳에 이르고, 아직 느끼지 못한 내용을 경험하고, 아직 얻지 못한 내용을 얻기 위하여 수행합니다. 이같이 신앙의 특징은 대망입니다."

"비유를 하나 더 들어 주십시오."

"대왕님. 마치 다음과 같습니다. 큰비가 산마루에 내린다고 합시다. 그 빗물은 낮은 곳을 따라 흘러 산골짜기와 벌어진 바위틈을 메우고 강을 채우고 강의 양쪽 둑에까지 이릅니다. 많은 사람들이 차례차례로 거기에 와서 강의 깊이나 넓이를 모르기 때문에 두려워 망설이며 강기슭에 서 있다고 합시다. 그때 어떤 사람이 자기의 체력과 물의 깊고 얕은 데를 알고 허리띠를 졸라매고 강물에 뛰어들어 저쪽으로 건너간다면, 나머지 사람들도 그 사람이 건너감을 보고 그 강을 건넙니다. 마찬가지로 출가자는 나머지 사람이 강물에 뛰어들어 강을 건너듯이, 앞에 말한 네 단계의 경지에 이르기 위하여 수행합니다. 세존께서는 이렇게 말씀하셨습니다."

사람은 신앙에 의하여
격류(激流)를 건너고,
근면에 의하여
생사의 바다를 건너느니라.

정진(精進:노력)에 의하여
모든 괴로움을 뛰어넘고,
지혜에 의하여

청정하게 되느니라.

"잘 알겠습니다. 존자님."

10. 정진(精進:노력하다)의 특징

정진은 일체의 선법이 더 늘어나게 하는 근본이다

"존자님. 정진의 특징은 무엇입니까?"

"대왕님. 일체 선법이 더 자라도록 함이 정진의 특징입니다. 바른 정진에 의하여 유지되고 더 늘어나는 일체의 선법은 없어지지 않습니다."

"비유를 하나 들어 주십시오."

"대왕님. 집이 쓰러지려고 할 때, 딴 목재로 그 집을 떠받친다고 합시다. 그렇게 떠받쳐진 집은 무너지지 않습니다. 마찬가지로 정진의 특징은 선법을 떠받치는 기굽니다. 바른 정진에 의해 떠받쳐진 일체의 선법은 없어지지 않습니다."

"비유를 하나 더 들어 주십시오.

"대왕님. 많은 군대가 적은 군대를 공격 한다고 합시다. 그때 적은 군대를 지휘하는 왕은 장병(將兵)을 규합하고, 보충한 원군(援軍)과 협력하여 적은 군대를 증강함으로써 대군을 물리치는 사실과 같습니다. 마찬가지로 바른 정진의 특징은 지원하는 일입니다. 정진에 의해 지원받은 일체의 선법은 계속 늘어납니다. 왜 없어지지 아니 할까요? 이건 진리기 때문입니다. 대왕님. 세존께서는 이렇게 말씀하셨습니다."

비구들아. 정진하는 제자는
악을 버리고 선법을 더 늘어나게 하며
잘못된 일을 버리고 바른 선을 더 발전시켜
자신을 청정하게 하느니라.

"잘 알았나이다. 존자님이시여."

11. 전념(專念:오로지 한가지만 생각하다)의 특징

전념의 특징은 열거(列擧)와 집지(執持)다

"존자님. 전념(專念:오로지 한 가지만 생각하다.)의 특징은 무엇입니까?"

"대왕님. 열거나 사실을 죽 들어서 말하고, 장악하여 제압함입니다."

"열거가 어떻게 전념의 특징이 됩니까."

"대왕님. 스님들에게 전념이 일어날 때, 그는 선악과 정사(正邪)와 존비(尊卑)와 흑백(黑白)과 시비(是非) 등 대조적인 성질을 반복해서 열거합니다. 즉 이 열거는 네 가지 전념의 확립이요. 네 가지 바른 노력이요. 네 가지 자재력의 근거요. 다섯 가지 정신력의 작용이요. 다섯 가지 비상한 힘이요. 일곱 가지 깨침에 필요한 갈래요. 바른 관찰이요. 밝은 지혜요. 해탈 등입니다.(이 내용은 8에 한자로 표기하였음) 이렇게 하여 출가자는 배워야 할 내용을 배워 자신을 고쳐가며, 익히고 배우지 않을 내용은 배우지 않으며, 가까이할 내용을 가까이하고, 가까이 해서는 안 될 내용을 가까이 하지 않습니다. 이와 같이 전념은 열거를 특징으로 합니다."

"비유를 하나 더 들어 주십시오."

"대왕님. 이를테면 전륜성왕의 이재관(理財官)이 왕에게 필요할 때마다 조석으로 왕의 재력(財力)을 상기(想起)시키는 일과 같습니다. 즉 이재관이 '대왕님. 나라의 상군(象軍)은 얼마며, 기마군(騎馬軍)은 얼마며, 황금은 얼마며, 금화(金貨)는 얼마며, 재보(財寶)는 얼맙니다. 이 내용을 기억해 주소서.'라고 왕에게 사실을 열거함과 같습니다."

"존자님. 집지가 어떻게 하여 전념의 특징이 됩니까?"

"대왕님. 전념(專念:필요한 한 가지만 생각함.)이 생길 때, 출가자는 이익이 되는 법[善法]은 추구하고, 이익이 되지 않는 법[不善法]은 버립니다. 즉, 이러한 내용은 선이고, 이러한 내용은 악이며, 이러한 내용은 유용하고 이러한 내용은 유용하지 않다[顚倒]고 가려냅니다. 이렇게 하여 출가자는 자신에게 나쁜 부분은 멀리하고 선한 부분은 지킵니다. 이와 같이 전념은 집지를 특징으로 합니다."

"비유를 하나 더 들어 주십시오."

"대왕님. 이를테면 전륜성왕에게 믿음직한 신하가 있어

왕에게 이롭고 이롭지 않은 내용을 알아, 이런 일들은 이익이 되고 이런 일들은 이롭지 않으며, 이런 일들은 유용하고 이런 일들은 유용하지 않다고 충언(忠言)을 드리는 일과 같습니다. 이렇게 하면 왕은 백성들에게 옳지 못한 내용을 시행하지 않고, 나쁜 부분을 없애고, 선한 일을 적극적으로 넓혀 나갑니다. 대왕님. 세존께서는 이렇게 말씀하셨습니다."

비구들아.
나는 한 가지만 지킴이야말로
어느 때나 어느 경우에나
유익하다고 말 하느니라.

"잘 알았나이다. 존자님."

12. 정신 통일[禪定]의 특징

정신통일은 일체의 선법을 한 가지로 통일 한다

"존자님. 정신통일의 특징은 무엇입니까."

"대왕님. 정신을 오로지 하나에 묶어 골똘하게 생각하게 함입니다. 일체의 선법은 정신통일을 받아들여 그곳으로 기울고 통솔되고 또 쏠립니다."

"비유를 하나 들어 주십시오."

"대왕님. 대들보는 꼭대기의 마룻대에 받혀 있어 모든 서까래는 거기서부터 방향을 잡고, 각 방향으로 향하니, 대들보는 집 전체의 꼭대기로 인정받습니다. 마찬가지로 정신통일은 일체 선법에 대하여 그와 같은 관계에 있습니다."

"다시 한 가지 비유를 더 들어 주십시오."

"대왕님. 이를테면 왕이 네 군대를 거느리고 싸움터에 나간다고 합시다. 모든 군대 즉 상군과 기마군과 전차군단과 보병군단은 모두 왕을 수령으로 하여 통솔됩니다. 그리고 각자가 왕의 부하로서 왕을 수령으로 전열이 모두 바른 위치를 잡습니다. 일체 선법과 정신통일에 대한 관계도 이와 꼭 같습니다. 대왕님. 세존께서는 이렇게 말씀하셨습니다.

비구들아.
정신통일을 이루도록 노력하여라.
정신통일을 성취한 사람은
삼라만상의 진실한 모습을 그대로 보느니라.

"잘 알았나이다. 존자님."

13. 지혜의 특징

지혜는 빛을 비춘다

"존자님. 지혜의 특징은 무엇입니까."

"대왕님. 저는 이미 지혜는 끊어버림을 특징으로 한다고 말씀드렸습니다. 그러나 지혜는 또 광명(光照)을 비추어 주위를 밝게 함이 특징이라는 말씀도 드렸습니다."

"지혜의 특징이 어떻게 하여 광명을 비춰줌입니까?"

"대왕님. 지혜가 생길 때 지혜는 무지의 어두움을 깨트리고, 분명히 알도록 광채를 내며, 지식의 등불을 밝혀 고상한 진리를 들어냅니다. 이리하여 출가자는 '이 세상은 무상하다. 이 세상의 삶은 괴로움이다. 이 세상의 어떤 존재든지 실체가 없다. 이상향에 이르러야 영원히 행복하고 안락하다'라고 하는 가장 바르고 밝은 지혜로써 모든 존재를 비춰 보는 데 필요한 작용을 합니다."

"비유를 하나 더 들어 주십시오."

"대왕님. 어떤 사람이 그믐날 밤에 방안으로 등불을 가지고 들어간다고 합시다. 어둠이 없어지고 밝은 빛을 비추어 거기에 있는 물체들을 볼 수 있게 합니다. 마찬가지로 수행자는 가장 밝은 지혜로써 모든 존재의 실상(實相)을 바르게 보도록 합니다."

"잘 알았나이다. 존자님이시여."

14. 윤회(輪廻)해도 '나'는 없다

"존자님. 사멸(死滅)한 자와 재생(再生)한 자는 동일합니까. 다릅니까?"

"동일하지도 않고 다르지도 않습니다."

"비유를 들어 주십시오."

"대왕님. 대왕님은 어떻게 생각하십니까. 일찍이 간난애였고, 유약한 아이였고, 꼬마였고, 등에 업혀 있었습니다. 어릴 적 대왕님이 어른이 된 지금 대왕님과 같습니까. 다릅니까?"

"어릴 적의 저와 지금의 저와는 다릅니다."

"만일 대왕님 말씀과 같다면, 대왕님에게는 어머니도 아버지도 또 스승님도 없었다는 논리가 성립 되지 않겠습니까? 따라서 학문이나 기예나 지혜 등도 배울 수 없었다는 논리가 성립됩니다. 대왕님. 잉태 후 첫 칠일동안의 어머니와 셋째, 칠일동안의 어머니와 넷째, 칠일동안의 어머니가 각각 다릅니까. 같습니까? 어릴 적 어머니와 어른이 되었을 적 어머니가 다릅니까. 지금 배우고 있는 자와 이미 배움을 마친 자가 다릅니까. 죄를 범한 자와 죄를 범하여 손발이 잘려 처벌을 받은 자가 다릅니까?"

"그렇지 않습니다. 그런데, 존자님, 무엇 때문에 그런 걸 열거하십니까."

"제 자신은 등에 업힌 연약한 갓난아이 적의 저와 어른이 된 지금의 저와는 같습니다. 모든 상태의 저는 지금이 한 몸에 포함(包含)되어 있습니다."

"비유를 하나 더 들어 주십시오."

'여기 어떤 사람이 등불을 켜고, 그 등불을 끄지 않는다면 그 등불은 밤새도록 탑니까."

"그렇습니다. 밤새도록 탑니다."

"그런데, 대왕님, 초저녁에 타는 기름과 밤중에 타는 기름이 같겠습니까."

"아닙니다. 다릅니다."

"또 밤중에 타는 기름과 새벽에 타는 기름이 같겠습니까."

"아닙니다. 다릅니다."

"그렇다면 초저녁에 타는 기름과 밤중에 타는 기름과 새벽에 타는 기름이 각각 다르겠습니까?"

"그렇지 않습니다. 기름은 똑 같은 등에서 밤새도록 똑같이 탑니다."

"대왕님. 인간이나 사물의 연속은 꼭 이 이치와 같이 계속됩니다. 생겨나는 물체와, 없어지는 물체는 별개의 물체지만 앞서거나 뒤서거나 하며, 동시에 지속적으로 이어집니다. 이렇게 존재하는 물체는 동일하지도 않고 서로 다르지도 않으면서 최종단계의 나에게 이어져 있습니다."

"다시 한 가지 비유를 더 들어 주십시오."

"대왕님, 우유가 변하는 경우와 같습니다. 금방 짜낸 우유는 얼마 후엔 응기고, 다음엔 버터가 되고, 그다음엔 버터기름으로 변해 갑니다. 만일 우유가 응긴 우유나 버터나 버터기름과 똑같다고 하는 사람이 있다면 대왕님은 그 말이 옳다고 하겠습니까."

"아닙니다. 옳지 않습니다. 그러나 응긴 우유나 버터는 우유가 변해서 만들어졌습니다."

"대왕님, 인간이나 사물의 연속은 꼭 이 이치와 같이 연속적으로 이어져 있습니다. 생겨남과 없어짐은 별개의 물체처럼 보이지만, 서로 앞서거나 뒤서거나 하며 동시에 이어집니다. 이리하여 존재하는 물체는 동일하지도 않고 서로 다르지도 않으면서 최종단계의 의식이나 행동에 연결되어져 있습니다.”

“잘 알겠습니다. 존자님.

15. 윤회(輪迴)하지 않으려면

"존자님. 다음 저세상에 다시 태어나지 않을 분도 윤회를 알고 있습니까."

"대왕님. 그렇습니다."

"그 사람은 윤회를 어떻게 압니까."

"저 세상에 다시 태어날 원인 즉, 원인과 연분이 다 없어졌음을 앎으로써 저 세상에 다시 태어나지 않을 줄 압니다."

"비유를 들어 설명해 주십시오."

"대왕님. 어떤 농부가 땅을 갈고 씨를 뿌려 곡식을 수확하여 창고에 채워 둔 후 얼마 동안은, 땅을 갈아 씨를 뿌리거나 심지 않고, 저장되어있는 곡식을 먹거나 다른 물품과 바꾸고, 또 필요할 때 쓰기도 하며 살아간다고 합시다. 대왕님. 그 농부는 이때 창고에 곡식이 가득 차 있지 않는 사실을 알고 있겠습니까."

"그렇습니다. 당연히 알고 있습니다."

"어떻게 하여 그는 그 사실을 압니까."

"창고를 채우는 원인인 작업이 정지함에 의하여 알고 있습니다."

"대왕님. 대왕님 말씀과 꼭 같습니다.

부처님의 가르침대로 실천하고 수행하여 탐 · 진 · 치를 여읜 분은 저 세상에 다시 태어나지 않을 줄 압니다."

"잘 알겠습니다. 존자님."

16. 해탈과 지식

"존자님. 지식을 가진 자는 지혜도 가지고 있습니까."

"그렇습니다. 대왕님."

"지식과 지혜는 둘 다 같습니까?"

"그렇습니다."

"그렇다면 지식과 함께 지혜를 가진 사람도 당혹(當惑:생각이 꽉 막혀 어찌 할 바를 모르다.)해 하는 일이 있습니까. 없습니까?"

"어떤 일에 대해서는 당혹하게 되고 어떤 일에 대해서는 당혹하게 되지 않습니다."

"어떤 일에 대해서는 당혹하게 되고 어떤 일에 대해서는 당혹하지 않습니까."

"아직 배우지 않은 기술의 영역이나, 아직 가 본 적이 없는 지방이나, 아직 들어보지 못한 명칭과 술어 등에 대해서는 당혹하게 됩니다."

"어떤 일에 대해 당혹하게 되지 않습니까?"

"통찰함[智慧]에 의하여 달관(達觀:지혜로 사물의 실체를 확실하게 알다.)한 내용, 즉 '이 세상의 삼라만상은 무상하다. 이 세상의 삶은 괴롭다.' '이 세상의 모든 물체는 실체가 없다.' 이상향에 이르러야 영원히 안락하다'라고 하는 데 대해서는 당혹하게 되지 않습니다."

"그렇습니다. 그런데 깨친 사람에게서 미망(迷妄)은 어디로 갑니까?"

"지혜가 생기자마자 곧 미망은 사라져 버립니다."

"한 가지 비유를 들어 설명하여 주십시오."

"사람이 어두운 방 안으로 등불을 가져갔을 때 어둠이 사라지고 밝음이 나타나는 사실과 같습니다."

"존자님. 그렇다면 지혜는 어디로 갑니까?"

"지혜는 지혜가 해야 할 일을 성취하자말자 곧 사라집니다. 그러나 지혜에 의하여 달관된, '이 세상의 삼라만상은 모두 무상하다.' '이 세상의 삶은 모두 괴로움이다.' '이 세상의 모든 물체는 실체가 없다.' '이상향에 이르러야 영원히 행복하다'라고 하는 깨침은 없어지지 않습니다."

"존자님, 방금 말씀에 대하여 비유를 들어 주십시오."

"어떤 사람이 밤중에 하인에게 등불을 켜게 하고 편지

를 쓰고 등불을 끄는 경우와 같습니다. 이 경우 등불은 꺼져도 편지는 없어지지 않습니다. 마찬가지로 지혜는 사라지지만 지혜에 의하여 터득된 '이 세상의 삼라만상은 모두 무상하다.' '이 세상의 삶은 모두 괴로움이다.' '이 세상의 모든 물체는 실체가 없다.' '이상향에 이르러야 영원히 행복하다'라는 깨침은 없어지지 않습니다."

"다시 한 가지 비유를 더 들어 주십시오."

"동쪽 어느 시골에서는 집집마다 다섯 개의 물통을 준비해 두었다가 집에 불이 나면 그 다섯 개의 물통을 불이 타는 지점에 내 던져 불을 끈다고 합니다. 불이 꺼진 다음에도 사람들이 다시 그 물통을 계속 사용하려고 하겠습니까?"

"아닙니다. 존자님. 물통은 불이 꺼지고 나면 소용없습니다. 불을 끈 다음에 깨어진 물통이 무슨 소용이 있겠습니까?"

"대왕님. 다섯 개의 물통은 다섯 가지의 뛰어난 수행력 즉, 신앙 · 정진 · 전념 · 정신통일 · 지혜와 같고, 시골 사람들은 수행자와 같으며, 불은 번뇌와 같습니다. 다섯 개의 물통으로써 불을 끄는 일과 같이 다섯 가지의 뛰어난 수행력에 의하여 모든 번뇌의 불을 끕니다. 이리하여 이미 없어진 번뇌는 두 번 다시 일어나는 일이 없습니다."

"또 다른 비유를 더 들어 주십시오."

"이를테면 의사가 약초로 만든 다섯 가지 약을 환자에게 먹여 병을 낫게 하는 경우와 같습니다. 이 경우 병이 나은 다음에도 의사는 다시 그에게 약의 효과를 보이려고 계속 약을 먹이겠습니까."

"아닙니다. 약을 먹어 병이 나은 사람에게 약이 무슨 소용이 있겠습니까."

"대왕님. 꼭 그와 같습니다. 다섯 가지의 약은 다섯가지의 뛰어난 수행력과 같고, 의사는 수행자와 같고, 병은 번뇌와 같고, 환자는 범부와 같습니다. 다섯 가지 약에 의하여 병이 낫는 사실처럼 다섯 가지 뛰어난 수행력에 의하여 모든 번뇌는 없어지며, 지혜는 사라지지만 성취된 깨달음은 없어지지 않습니다."

"또 다시 비유를 더 들어 주십시오."

"전쟁에 용감한 병사가 싸움터에 나가 다섯 개의 화살을 쏘아 적을 격파했다고 합시다. 용사는 그 이상 계속 화살을 쏠 필요가 있겠습니까?"

"아닙니다. 화살이 할 일은 이미 다 했습니다. 무엇 때문에 더 쏠 필요가 있겠습니까."

"대왕님. 꼭 그와 같습니다. 다섯 개의 화살에 의하여 적군이 격파되는 사실처럼, 다섯 가지의 뛰어난 수행력에 의하여 모든 번뇌가 파괴되고, 파괴된 번뇌는 두 번 다시 일어나는 일이 없습니다. 이같이 지혜는 할 일을 마치자마자 곧 없어지지만 그 지혜에 의하여 성취된, '이 세상의 삼라만상은 모두 무상하다.' '이 세상의 삶은 모두 괴로움이다.' '이 세상에 존재하는 모든 만상은 실체가 없다. 이상향에 이르러야 영원히 행복하다'라고 하는 깨침은 없어지지 않습니다."

"잘 알겠습니다. 존자님."

17. 해탈과 육체

"존자님. 존자님과 같이 저 세상에 태어나지 않을 아라한 스님들도 고통을 느낍니까."

"어떤 괴로움은 느끼고 어떤 괴로움은 느끼지 않습니다."

"어떤 괴로움은 느끼고 어떤 괴로움은 느끼지 않습니까."

"대왕님. 육체적인 고통을 느끼나 정신적인 고통은 느끼지 않습니다."

"무슨 이유로 그렇습니까?"

"대왕님. 육체적인 고통의 원인과 연분은 계속하기 때문에 느끼지만, 정신적인 고통의 원인과 연분은 이미 끝났기 때문에 전혀 느끼지 않습니다. 세존께서는 이렇게 말씀하셨습니다."

"한 가지 괴로움 즉, 육체적인 괴로움은 느끼지만 그러나 정신적인 괴로움은 느끼지 않느니라."

"존자님. 그렇다면 그런 분(육체적인 괴로움만을 느끼는 해탈한 사람)은 왜 완전한 열반에 들지 않습니까?"

"대왕님, 아라한은 어떤 물체를 애호(愛好)하는 일도, 혐오(嫌惡)하는 일도 없습니다. 그는 익지 않은 과일(즉 몸)을 흔들어 떨어뜨리지 않고 익기를 기다립니다. 대왕님, 이것을 법장(法將) 사리풋타 장로는 이렇게 읊으셨습니다."

"나는 죽음을 환영하지도 않으며
삶을 환영하지도 않는다.
고용인이 품삯을 기다리듯
나는-다가올-때를 기다린다.

나는 죽음을 바라지도 않으며
삶을 바라지도 않는다.
바로 알고, 바로 생각하며,
나는 때가 오기를 기다린다."

"잘 알겠습니다. 존자님."

18. 감각(感覺)의 성립

"존자님. 쾌감은 선입니까. 악입니까. 아니면 선도 악도 아닙니까?"

"쾌감은 선일 수도 있고, 악일 수도 있고, 선도 악도 아닐 수가 있습니다."

"그러나 존자님, 만일 선이 괴로움도 아니요, 또 괴로움이 선도 아니라면, 선인 동시에 괴로움이란 일은 일어날 수 없겠습니까?"

"대왕님. 어떻게 생각합니까. 여기 어떤 사람이 한 손에 뜨거운 쇠붙이를 잡고, 또 한 손에 차가운 얼음덩이를 들고 있다면, 그 사람은 양손 다 아프다고 하겠습니까?"

"그렇습니다. 양손이 다 아프겠지요."

"양손 다 뜨겁겠습니까."

"그렇지 않습니다."

"그렇다면 대왕님은 잘못 알고 계십니다. 만일 뜨거움이 아프게 한다면, 양손이 다 뜨겁지 아니하므로 고통은 뜨거움에서 생길 수 없으며, 만일 차가움이 아프게 한다면, 양손이 다 차갑지 아니하므로 고통은 차가움에서 생길 수 없습니다. 대왕님. 그렇다면 어찌하여 양손이 다 아플 수 있겠습니까. 양손이 다 뜨겁지도 않고, 양손이 다 차갑지도 아니함으로써 고통은 뜨거움에서도 차가움에서도 생길 이치가 없습니다."

"존자님. 저는 존자님과 같은 논사(論師)와는 토론에 대적할 수 없습니다. 존자님. 그 문제가 어째서 그러한가를 설명해 주시면 감사 하겠습니다."

존자는 아비담마의 논리를 유도(誘導:목적하는 방향으로 이끌다.)하여 그 문제를 설명함으로써 밀린다 왕을 이해시켰다.

"대왕님. 세속 생활에 관계된 여섯 가지의 기쁨이 있고, 세속 생활을 버림에 관계된 여섯 가지 기쁨이 있으며, 세속 생활에 관계된 여섯 가지 슬픔이 있고, 세속을 버림에 관계된 여섯 가지 슬픔이 있으며, 세속 생활에 관계된 여섯 가지 편안하고 고요함이 있고, 세속을 버림에 관계된 여섯 가지 편안하고 고요함이 있습니다. 이같이 여섯 계열에 각각 여섯 가지 감각이 있습니다. 즉 현재의 서른여섯 가지 감각이 있고, 과거의 서른여섯 가지 감각이 있으며,

미래의 서른여섯 가지 감각이 있습니다. 모두 합치면 모두 108 가지 감각이 됩니다.”

“잘 알겠습니다. 존자님.”

19. 윤회하는 주체(主體)

"존자님. 무엇이 세상에서 바뀌 태어납니까."

"명칭[名 인간의 정신]과 형태[色 물질]가 바뀌 태어납니다."

"현재의 명칭과 현재의 형태가 저세상에서 바뀌 태어납니까."

"아닙니다. 그렇지 않습니다. 현재의 명칭과 형태에 의하여 선이나 악의 행위[業]가 이루어지고, 그 행위에 의하여 또 하나의 새로운 명칭과 새로운 형태가 저 세상에서 바뀌 태어납니다."

"존자님. 만일 현재의 명칭과 형태가 그대로 저 세상에 새로 태어나지 않는다면, 인간은 악업으로부터 벗어 날 수 있지 않겠습니까."

"만일 저세상에서 다시 태어나지 않는다면 인간은 악업으로부터 벗어 날 수 있습니다. 그러나 대왕님. 실제로 저세상에 다시 태어나는 한 악업으로부터 벗어나지 못합니다."

"한 가지 비유를 더 들어 말씀해 주십시오."

"대왕님. 어떤 사람이 남의 망고나무에서 과일을 훔쳤다고 합시다. 망고나무 주인이 그를 붙잡아 왕 앞에서 처벌해 달라고 했을 때, 그 도적이 '대왕님이시여. 저는 이 사람의 망고를 따먹지 않았습니다. 이 사람이 심은 망고와 제가 따먹은 망고와는 다릅니다. 저는 처벌을 받아서는 안 됩니다'라고 한다면 대왕님은 어떻게 하시겠습니까. 그 사람을 처벌하겠습니까?"

"예. 존자님. 처벌하겠습니다. 그 사람은 마땅히 처벌을 받아야 합니다."

"무슨 이윱니까."

"그가 무슨 말을 하든, 처음 망고는 현재 보이지 않지만, 주인이 심은 망고나무로 인해 죄를 지었기 때문입니다."

"대왕님. 마찬가지로 인간은 현재의 명칭과 현재의 형태에 의하여 선악의 행위가 실행해지고, 그 행위에 의하여 또 하나의 새로운 명칭과 새로운 형태로 저 세상에 새로 태어납니다. 그러므로 다시 태어난 동물이나 인간은 그 업(業)으로부터 벗어나지 못합니다."

"다시 한 가지 비유를 더 말씀해 주십시오."

"대왕님. 어떤 사람이 남의 쌀이나 고구마를 훔쳤다고 하는 경우도, 망고 과일의 경우와 똑같다고 할 수 있습니다. 또 어떤 사람이 추울 때 남의 집에 가 불을 피워서 몸을 녹이고 나서 불을 끄지 않고 가버렸는데, 그 불이 번져 집을 태웠다고 합시다. 집 주인이 그 사람을 왕 앞에 데리고 와 처벌을 해 달라고 했을 때, 불을 낸 사람이 '대왕님이시여. 그 집을 태운 불은 다른 불입니다. 저는 죄가 없습니다'라고 말을 한다면 대왕님은 그 사나이에게 죄가 있다고 생각하겠습니까."

"존자님. 죄가 있다고 해야 합니다."

"어째서 그렇습니까."

"그 자가 무슨 말을 하든지 처음의 불을 원인으로 해서 일어난, 다음의 불이 집을 태웠기 때문입니다."

"대왕님. 마찬가지로 인간은 현재의 명칭과 현재의 형태로 인하여 선행이나 악행을 하게 되고, 그 행위로 인하여 또 하나의 새로운 명칭과 새로운 형태로 저 세상에 태어납니다. 그러므로 새로 태어난 몸은 그의 업으로부터 벗어나지 못합니다."

"비유를 하나 더 들어 주십시오."

"대왕님. 어떤 사람이 등불을 가지고 자기 집 꼭대기 방으로 들어가 식사를 했는데, 등불이 지붕을 태우고 이어서 마을을 태웠다고 합시다. 마을 사람들이 그 사나이를 붙잡아 '당신은 어찌하여 마을을 태웠소'라고 물었습니다. 사나이는 '왜요. 나는 마을을 태우지는 않았습니다. 내가 식사를 하기 위하여 밝힌 불과 마을을 태운 불과는 다릅니다'라고 대답했습니다. 그들이 입씨름을 하다가 대왕님 앞에 와서 그렇게 말한다면 대왕님은 어느 쪽 말이 옳다고 하겠습니까."

"마을 사람들의 말이 옳다고 하겠습니다."

"어째서 그렇습니까."

"그 사람이 무슨 말을 하든, 마을을 태운 불은 그 사람이 식사하기 위하여 사용한 불로부터 일어났기 때문입니다."

"대왕님. 마찬가지로 사람은 죽음과 함께 끝나는 현재의 명칭과 현재의 형태가 저 세상에 다시 태어나는 명칭과 형태와 다르기는 하지만, 두 번째 불은 첫 번째 불로부터 번진 불입니다. 그러므로 악업(惡業)으로부터 벗어날 수 없습니다."

“또 비유를 더 들어 주십시오.”

“대왕님. 어떤 사나이가 혼인을 하려고, 어린 소녀의 부모에게 신부 값을 치르고, 혼기가 오도록 기다리며 살았다고 합시다. 그런데 그 소녀가 성장하여 묘령(妙齡)의 처녀가 되었을 때, 딴 사나이가 값을 치르고 결혼을 했다고 합시다. 먼저 사나이가 와서 ‘당신은 왜 나의 아내를 데리고 갔소’라고 따졌습니다. 나중 사나이가 ‘나는 당신의 아내를 데려오지 않았소. 당신이 구혼하여 값을 치른 어린 소녀와 내가 구혼을 하여 값을 치른 신부는 딴 여성입니다’라고 대답했다고 합시다. 그 들이 입씨름을 하다가 대왕님 앞에서 재판을 요구한다면 대왕은 어느 쪽을 옳다고 하겠습니까.”

“먼저 사내가 옳다고 해야겠지요.”

“어째서 그렇습니까.”

“나중 사나이가 무슨 말을 하든지 장성한 그 아가씨는 어린 소녀로부터 성장했기 때문입니다.”

“대왕님. 그와 같습니다. 죽음으로 끝나는 현재의 명칭 현재의 형태와 저세상에 다시 태어나는 명칭과 형태는 다르기는 하지만, 저 세상의 일은 이 세상의 일에서 생겨납니다. 그러므로 악업으로 부터 벗어나지 못합니다."

"또 비유를 한 가지 더 들어 주십시오."

"대왕님. 어떤 사람이 소치는 사람으로부터 우유 한병을 사서 주인에게 맡기고 가면서, '내일 가지러 오겠소'라고 말하고 갔다고 합시다. 다음 날이면 그 우유는 응긴 우유로 변합니다. 이튿날 그 사나이가 와서 우유를 달라고 하므로 소치는 사람은 응긴 우유로 변한 그대로 내주었습니다. 사나이는 '내가 산 우유는 응유가 아닙니다. 내 우유를 내주시오'라고 했습니다. 소치는 사람은 '나에겐 아무 잘못도 없습니다. 당신의 우유가 엉긴 우유로 변했습니다'라고 대답했습니다. 그 들은 입씨름을 하다가 대왕님 앞에 와서 재판을 간청한다면, 대왕님은 어느 편이 옳다고 하겠습니까."

"소치는 사람이 옳다고 해야지요."

"왜 그렇습니까."

"우유를 산 사람이 무슨 말을 하든, 응긴 우유는 그가 산 우유가 변해서 된 응긴 우유이기 때문입니다."

"대왕님. 그와 같습니다. 죽음으로 끝나는 현재의 명칭[名]과 몸[色]과 저 세상에 태어나는 명칭과 몸은 다르지만, 응긴 우유가 어제의 우유로부터 나온 결과 이듯이 사람은 자신이 지은 선이나 악의 행위로부터 벗어나지 못합니다."

"잘 알겠습니다. 존자님. 너무나 감사합니다."

20. 해탈한 분에게 시간과 공간은 없다

"오랫동안이라고 말씀하셨습니다. 오랫동안이라는 시간은 무엇을 의미합니까."

"대왕님. 과거 · 현재 · 미래를 말합니다."

"도대체 시간이란 존재합니까."

"존재하는 시간도 있고, 존재하지 않는 시간도 있습니다."

"어떤 시간은 존재하고, 어떤 시간은 존재하지 않습니까."

"대왕님. 지나가 버렸거나, 끝나 버렸거나, 없어져 버린 과거에 대해서 시간은 존재하지 않습니다. 그러나 시간이 결과를 낳거나, 결과를 낳는 선천적인 가능성을 가졌거나, 딴 곳에 다시 태어나게 될 사상(事象)에 대해서는 시간이 존재합니다. 즉, 죽어서 딴 곳에 다시 태어날 존재에는 시간이 존재하며, 죽어서 딴 곳에 태어나지 않는 존재에게는 시간이 존재하지 않습니다. 완전히 자유롭게 된(완전히 이상향에 도달한 분들) 분들에게 시간은 존재하지 않습니다. 그 들은 완전히 해탈(완전한 이상향에 도달)했기 때문입니다."

"잘 알겠습니다. 존자님."

21. 시간의 시작

“존자님. 모든 시간이 시작된 근원은 인식되지 않는다고 말씀하셨습니다. 비유를 들어 주십시오.”

“대왕님. 어떤 사람이 조그마한 삼씨 하나를 땅에 심는다고 합시다. 그 씨는 싹이 터서 점차로 자라고 무성하여 열매를 맺습니다. 그 삼의 씨를 받아 다시 땅에 심으면 또 열매를 맺습니다. 이 종자를 그렇게 해마다 연속해서 심는다면 끝이 있겠습니까?”

“존자님. 끝이 없습니다.”

“대왕님. 마찬가지로 시간의 근원인 시작은 인식되지 않습니다.”

“다시 한 번 비유를 들어 주십시오.”

“닭이 알을 낳고, 그 알에서 닭이 생기고, 그 닭이 알을 낳습니다. 이 연속에 끝이 있겠습니까.”

“아닙니다. 끝이 없습니다.”

“대왕님. 마찬가지로 시간의 근원적 시작은 인식되지 않습니다.”

"다시 한 번 비유를 더 들어 주십시오."

그때 존자가 땅에 원을 그려놓고 왕에게 물었다.

"이 원둘레에 끝이 있습니까."

"없습니다."

"대왕님. 이와 같은 순환을 세존께서는 다음과 같이 말씀하셨습니다."

눈이 경계를 만나면 눈이 식별하는 작용이 생기고, 이 셋이 조화로울 때 접촉이 생기고, 접촉하면 외부의 자극을 받아들이고, 외부의 자극을 받아들이면 몹시 사랑함이 생기고, 몹시 사랑함으로 애타게 구하는 행동이 생기고, 애타게 구하는 행동 때문에 또 다른 듣는 경계와 냄새 맡는 경계로 새로운 식별이 생기느니라.

"위와 같은 부처님의 말씀에 의하여 식별하면 연속에 끝이 있겠습니까."

"끝이 없습니다."

존자는 그 밖의 감각기관(귀 · 코 · 혀 · 몸 · 마음)의 하나하나에 대해서 거기 알맞은 순환을 들어 물었고, 그리고 그에 대한 왕의 대답은 언제나 꼭 같았으므로 존자는 이렇게 결론을 지었다.

"대왕님. 이와 같이 시간의 시작은 인식되지 않습니다."

"잘 알았나이다. 존자님이시여."

22. 윤회는 생존의 근거

"존자님. 생겨나는 일체현상은 어떤 모습[形]을 이루는 행위를 합니까?"

"그렇습니다."

"그것은 어떤 행입니까."

"눈앞에 나타나는 물체가 있으면 눈이 식별작용을 하고, 눈의 식별작용이 있으면 눈이 접촉함이 있고, 눈이 접촉함이 있으면 외부의 접촉을 받아들일 수가 있고, 외부의 접촉을 받아들일 수가 있으면 몹시 사랑함이 있고, 몹시 사랑함이 있으면 골라 가짐이 있고, 골라 가짐이 있으면 일반적인 생존이 있고, 일반적인 생존이 있으면 생겨남이 있고, 생겨남이 있으면 늙음과 죽음과 비애와 비통함과 쓰라림과 실망과 괴로움 등이 있습니다. 이렇게 해서 모든 괴로움이 생겨납니다. 위와 반대로 눈과 형상이 없으면 눈의 식별작용이 없고, 눈의 식별작용이 없으면 눈의 접촉이 없고, 눈의 접촉이 없으면 외부의 자극을 받아들임이 없고, 외부의 자극을 받아들임이 없으면 몹시 사랑함이 없고, 몹시 사랑함이 없으면 집착함이 없고, 집착함이 없으면 일반적인 생존이 없고, 일반적인 생존이 없으면 생겨남이 없고, 생겨남이 없으면 늙음과 죽음과 비애와 비통과 쓰라림과 괴로움과 실망 등이 없습니다. 이렇게 되면 모든 괴로움에서 벗어납니다."

"너무나 훌륭하신 가르침입니다. 잘 알았나이다.

23. 일체현상의 성립

"존자님. 점차로 생성됨이 없이 생겨나는 현상이 있습니까?"

"아닙니다. 대왕님. 생성되는 일체현상은 모두 조금씩 자라거나 조금씩 변화하며 조금씩 소멸해 갑니다."

"비유를 들어 주십시오."

"어떻게 생각합니까. 대왕님이 지금 우리가 앉아 있는 이 집은 갑자기 생겨났습니까."

"아닙니다. 갑자기 생겨난 사물은 이 세상에 하나도 없습니다. 이 집의 각 부분은 조금씩 생겨났습니다. 즉, 집의 재목은 숲에서 나왔고, 진흙은 땅에서 나왔으며, 사람들의 노동에 의하여 이 집은 건축되었습니다."

"대왕님. 그와 같습니다. 점차적인 생성함이 없이 생겨나는 일체현상은 하나도 없습니다. 모든 일체현상은 발전과정에 의하여 생겨납니다."

"다시 한 번 더 비유를 들어 주십시오."

"모든 나무와 식물의 씨가 땅에 심어지고 점차로 자라

고 무성하게 성장하여 꽃이 피고 열매를 맺습니다. 그것들은 점차적인 생성이 없이 생겨나지 않습니다. 현재 존재하는 발전 과정에 의하여 생겨납니다. 대왕님. 마찬가지로 점차적인 생성이 없이 생겨나는 일체현상은 없습니다. 일체현상의 모습은 발전의 한 과정에 의하여 생겨납니다."

"또 비유를 들어 주십시오."

"도공은 땅에서 흙을 파가지고 여러 가지 도자기를 만듭니다. 그 도자기들은 생성함이 없이 생겨난 물체가 아니고, 현재 존재하는 발전 과정을 거쳐 생겨난 도자깁니다. 대왕님. 마찬가지로 점차적인 생성함 없이 생겨나는 일체현상은 없습니다. 생성의 힘은 발전 과정을 거쳐 생겨납니다."

"또 비유를 더 들어 주십시오."

"대왕님. 가령 만돌린(악기의 일종)에 줄과 받침과 가죽과 빈 공간이 없고, 모체와 목과 줄과 활이 없고, 또 악기를 타는 사람의 알맞은 연주가 없다면, 소리가 나겠습니까."

"안 납니다. 존자님."

"그러한 모든 조건이 갖추어지면 소리가 나겠습니까."

"그렇습니다. 물론입니다."

"대왕님. 꼭 그와 같습니다. 점차적인 생성함이 없이 생겨나는 현상은 없습니다. 형성되는 힘은 발전 과정을 거쳐 생겨납니다."

"존자님. 비유를 더 들어 주십시오."

"대왕님. 가령 불을 일으키는 막대기와 비벼 돌리는 막대기와 막대기를 돌리는 막대기의 줄과 부싯깃이 없으며, 또 사람이 불을 일으키기에 적합한 노력이 없다면 불이 일어나겠습니까."

"안 납니다."

"그 모든 조건이 구비 된다면 불이 일어나겠습니까."

"일어납니다."

"대왕님. 꼭 그와 같습니다. 점차적인 생성이 없이 생겨나는 일체현상은 없습니다. 형성하는 힘은 발전 과정을 거쳐 생겨납니다."

"비유를 더 들어 주십시오."

"대왕님. 가령 불을 일으키는 돋보기와 태양열과 말린

쇠똥이나 부싯깃이 없다면, 불이 일어날 수 있겠습니까."

"안 납니다."

"그러나 그런 모든 조건이 구비 되면 불을 일으킬 수 있겠습니까 없겠습니까."

"일으킬 수 있습니다. 존자님."

"대왕님. 꼭 그 이치와 같습니다. 점차적인 생성이 없이 생겨나는 일체현상은 없습니다. 만들어짐은 생성 과정을 거쳐 생겨납니다."

"또 하나 비유를 더 들어 주십시오."

"대왕님. 거울도 광선도 없으며 거울 앞에 오는 물체도 없다면 영상이 거울에 나타나겠습니까."

"안 나타납니다."

"그러나 그런 조건들이 갖추어진다면 영상이 거울에 비쳐집니다. 대왕님. 그와 같습니다. 점차적인 생성이 없이 생겨나는 일체현상은 없습니다. 생성함은 발전의 어떤 과정에 의하여 생겨납니다."

"잘 알겠습니다. 존자님."

24. 자극을 받아들이다

"존자님. 외부의 자극을 느끼고 받아들이는 특징은 무엇입니까."

"경험함으로써 고통을 느끼고 즐거움을 누리며 받아들입니다."

"비유를 들어 주십시오."

"이를테면 어떤 사람이 왕의 정무(政務)를 맡아 처리하는 경우와 같습니다. 왕은 그 사람이 마음에 들어 정무를 맡겼습니다. 그는 정무를 수행하는 동안 다섯 가지 욕망을 달성하고, 만족하며 이렇게 생각합니다. '왕은 나를 믿고 정무를 맡기셨고, 나는 정무를 처리해왔다. 나는 정무를 수행함으로써 지금 이러한 외부의 자극을 받아들이고 있다.' 또 이런 경우와도 같습니다. 어떤 사람이 선행을 하고 죽어서 육신이 없어진 다음, 천신들에게 축복받는 행복한 상태로 환생하여, 천국의 오욕(五欲)을 이루고 만족하여 이렇게 생각합니다. 즉, '나는 전생에 선행을 함으로써 지금 이러한 외부의 자극을 경험하고 있다.' 대왕님.

이와 같이 경험함으로써 고락을 향수함이 감수의 특징입니다.”

“잘 알겠습니다. 존자님.”

25. 의사(意思)의 특징

"존자님. 생각[意思:무슨 일을 하고자 하는 생각]의 특징은 무엇입니까."

"대왕님. 의사의 특징은 생각하고 마음을 먹고 실행하는 행위가 특징입니다."

"비유를 들어 주십시오."

"대왕님. 이를테면 어떤 사람이 쓴 약을 제조하여 자신도 먹고 남도 먹게 하여 비록 병이 나았지만, 자신도 쓴 맛을 느끼고 남도 쓴맛을 느끼게 함과 같습니다. 마찬가지로 어떤 사람이, 이 세상에서 나쁜 짓을 할 마음을 먹고 그렇게 행동하면, 죽어서 육신이 없어진 다음, 지옥의 괴로움에 찬 불행한 상태로 다시 태어나며, 그의 말을 따라 실행한 사람들도 역시 그렇게 됩니다. 또 이러한 경우와도 같습니다. 어떤 사람이 버터와 기름과 벌꿀과 당밀 등으로써 혼합하여 음료수를 만들어 자기 자신도 마시고 남에게도 마시게 한다면, 자신도 즐겁고 남도 즐겁습니다. 마찬가지로 어떤 사람이 이 세상에서 선행을 하려고 마음먹고 그렇게 실행하면, 죽어서 그 육신이 없어진 다음, 천국에서 축복받는 행복한 상태로 다시 태어나며, 그 사람의 충고대로 따라 실행한 사람들도 그렇게 됩니다.

대왕님. 위와 같이 마음을 먹고 행동함이 의사의 특징입니다."

"잘 알겠습니다. 존자님."

26. 감각과 의식

“존자님. 눈의 식별작용이 일어나면, 거기에는 어디서나 마음의 식별작용도 일어납니까?”

“그렇습니다. 대왕님. 눈의 식별작용이 일어나는 데서는 어디서나 의식의 작용도 일어납니다.”

“ 두 가지 중에 어느 식별작용이 먼저 일어납니까?”

“눈의 식별작용이 먼저 일어나고, 의식의 식별작용이 뒤에 일어납니다.”

“그러면 눈의 식별작용이 의식의 식별작용에게 ‘내가 일어나는 데서 너도 일어나라’고 합니까. 아니면 의식의 식별작용이 눈의 식별작용에게 ‘네가 일어나는 데서 나도 일어나겠다’라고 약속을 합니까.”

“대왕님. 그렇지 않습니다. 양자 사이에는 어떠한 상의나 묵계(默契:말없이 한 약속.)도 없습니다.”

“그러면 눈의 식별작용이 일어나는데서 어떻게 하여 의식의 식별작용이 일어납니까?”

“기울어 향함과. 향하는 문과, 오랫동안 익힌 습관이

있기 때문입니다. 대왕님."

"어떻게 하여 그렇습니까? 기울어 향함이 있기 때문에 눈의 식별작용이 생기는 데서 의식의 식별작용이 생기는 이유에 대해 비유를 들어 설명해 주십시오."

"대왕님. 어떻게 생각합니까. 비가 내릴 때, 물이 어디로 흘러갑니까."

"지면의 경사(傾斜:기울기)를 따라 흘러갑니다."

"비가 또 내린다면 그 물은 어디로 흘러갑니까."

"앞에 내린 빗물이 흘러간 데로 흘러갑니다."

"그건 왜 그렇습니까? 첫 번째 물이 두 번째 물에게 '내가 흘러가는 데로 너도 흘러오라'고 합니까. 아니면 두 번째 물이 첫 번째 물에게 '네가 흐르는 데로 나도 흐르겠다'라고 약속합니까."

"존자님. 그렇지 않습니다. 양자 사이에는 아무런 상의나 약속도 없습니다. 각자가 지면의 경사를 따라 흘러갑니다."

"대왕님. 꼭 그 이치와 같습니다. 눈의 인식작용이 일어나는 곳에 의식의 인식작용이 일어나는 이유는 기운데로 향하는 성질 때문입니다. 눈의 인식작용이 의식의 식별작용에게 '내가 일어난 곳에 너도 일어나라'고 명령하지도 않으며, 의식의 식별작용이 눈의 식별작용에게 '네가 일어난 곳에 나도 일어나겠다'라고 상의하지도 않습니다. 그들 사이에는 아무런 의사교환도 없습니다. 눈의 식별작용이 일어날 때, 의식의 식별작용이 일어나는 이유는 모두가 기운 데로 향하는 성질 때문에 일어납니다."

"그러면 눈의 의식작용이 생기는 데 의식의 식별작용이 생기는 이유는, 문이 있기 때문이라는 이유를 설명해 주십시오."

"대왕님. 어떻게 생각하십니까. 변방에 큰 성이 있는데, 그 성은 망탑(望塔)과 성벽이 높고 튼튼하며, 문이 단 하나만 있다고 합시다. 어떤 사람이 성에서 나가려고 한다면 어디로 나가겠습니까."

"그도 성문을 통해 나갈 수밖에 없겠습니다."

"만일 다른 사람이 또 성 밖으로 나가려 하면, 그 사람은 어디로 나가야 합니까."

"첫 번째 사람이 나간 성문으로 나가야 합니다."

"어째서 그렇습니까. 먼저 나간 사람이 뒤에 나올 사람에게 '너는 내가 나가는 문으로 나오라'고 말했을까요. 아니면 다음 사람이 먼저 나간 사람에게 '네가 나가는 문으로 나도 나가겠다'라고 약속을 했을까요."

"존자님. 그렇지 않습니다. 그들 사이에는 아무 연락도 아무런 묵계도 없었고, 그들은 성문이 하나만 있기 때문에 그 문을 통과했을 뿐입니다. 눈의 식별작용과 뜻의 식별작용과의 관계도 꼭 그러합니다."

"그러면 눈의 식별작용이 생기는 데 뜻의 식별작용이 생기는 이유는 습관이 있기 때문이라는 이유도 비유로써 말씀해 주십시오."

"대왕님. 어떻게 생각하십니까. 어떤 수레든지 앞에 수레가 지나갔다면 뒤에 가는 수레는 어디로 가겠습니까."

"앞에 간 수레와 꼭 같은 궤적(軌跡:수레바퀴가 지나간 자국)을 따라 갑니다."

"앞 수레가 다음 수레에게 '내가 지나온 길로 오라고 말했습니까. 아니면 다음 수레가 앞 수레에게 '네가 지나간 자국을 따라 가겠다'라고 약속을 했을까요?"

"존자님. 그렇지 않습니다. 두 수레 사이에는 아무런 상의도 없습니다. 다음 수레는 습관성에 의하여 앞서간 수레 자국을 따라갑니다.”

“대왕님. 눈의 식별작용과 의식의 식별작용도 역시 그러합니다.”

“그러면 습관적으로 익혔기 때문에 눈의 식별작용이 생기는데, 의식의 식별작용이 생긴다는 말씀에 대하여 비유를 들어 설명해 주십시오.”

“대왕님. 부호·기술·산술·목산·서예 등을 습득함에 있어서, 초보자는 처음에는 서툴지만 일정한 기간이 지나면, 세심한 주의와 연습에 의하여 숙달하게 됩니다. 마찬가지로 습관적인 익힘에 의하여, 눈의 인식작용이 일어나는 데서 뜻의 인식작용도 일어납니다.”

존자는 눈과 뜻 이외에 청각·미각·후각·촉각 등의 식별작용이 있는 곳에 마음의 식별작용이 일어난다는 내용을 같은 방법으로 설명했다. 다시 부연하면 의식은 어느 경우에나 감각에 이어 일어나지만, 양자 사이에 사전 상의나 합의한 적 없이 일어난다고 설명하였다.

대왕이 또 물었다.

“존자님. 의식이 있는 데는 언제나 외부의 자극을 받아들이는 수도 있습니까.”

“그렇습니다. 의식이 일어나는 데는 부딪힘과 외부의 자극을 받아들임과 생각과 의사와 성찰과 고찰 등이 있습니다.”

“존자님. 잘 알겠습니다.

27. 협동하는 정신작용

"존자님. 모든 관찰할 수 있는 형체로 나타나는 사물과 의식이 혼합되어 있을 때, 사물과 의식들을 하나하나 분리시켜, '사물[色]은 부딪치고, 의식은 외부의 자극을 받아들[受]이고, 느끼고 받아들임은 외적인 자극과는 관계없이 과거의 경험에 기초하여 구체적이고 감각적으로 의식 속에 재생시키는 형태[想]고, 만들어 감은 어떤 일을 인정하고 실행함[行]이고, 의식함은 알고 분별함[識別]입니다. 의식은 지나간 일과 현재의 현상에서 미래를 유추함이다' 라고 명확하게 구별할 수 있습니까?

"아닙니다. 바로 따로따로 구별할 수 없습니다."

"비유를 들어 설명해 주십시오."

"대왕님, 궁중의 요리사가 시럽이나 소스를 만든다고 합시다. 그는 거기에다 식초와 소금과 생강과 마늘과 후추와 그밖에 잘 어울리는 조미료를 넣어 만듭니다. 그때 왕은 요리사에게 '나에게 식초와 양념을 가져다 다오, 양념 소금을 가져다 다오, 생강 양념을 가져다 다오, 모든 조미료가 든 맛있는 양념을 가져다 다오'라고 했다고 합시다. 요리사는 그 혼합해서 만든 소스에서 일일이 분해하여 '식초는 시고, 소금은 짜고, 고추는 맵고, 풋감은 떫고, 설탕은 달다.' 하며 양념을 따로따로 분류해서 가져갈 수 있습니까."

"아닙니다. 그것은 불가능합니다. 그렇지만 양념은 하나하나 특징에 의하여 나타납니다."

"대왕님. 그와 꼭 같습니다. 모든 관찰할 수 있는 형체로 나타나는 사물과 현상이 한데 혼합되어 있는 데서, 하나하나 떼어내 '이건 접촉이다. 이건 감수다. 이건 표상이다. 이건 만듦이다. 이건 식별이다. 이건 성찰이다. 이건 고찰이다'라고 구별 지어 말할 수는 없습니다. 그러나 그 모든 사상을 하나하나의 특징에 의하여 논의할 수는 있습니다."

"잘 알겠습니다. 존자님."

28. 맛과 무게

“대왕님. 소금은 눈으로 식별할 수 있습니까.”

“그렇습니다.”

“대왕님. 주의해 주십시오. 눈으로 알 수 있는 건 소금이 가지고 있는 흰빛에 지나지 않습니다.”

“존자님. 그러면 혀로 알 수 있습니까.”

“그렇습니다.”

“존자님. 모든 종류의 소금 맛은 혀로써만 식별합니까.”

“그렇습니다.”

“만일 소금을 혀로써만 식별 할 수 있다면 황소는 왜 전체를 실어 나릅니까. 짠맛만 실어 나르면 되지 않겠습니까.”

“대왕님. 짠맛과 흰색을 따로 분류할 수 없기 때문입니다. 짠맛과 무게라는 두 가지 성질은 실제 소금에서는 하나가 되어있으나. 원리 영역을 달리하고 있습니다. 대왕님. 대체 소금은 저울로 달 수 있습니까.”

"그렇습니다. 저울로 달 수 있습니다."

"아닙니다. 대왕님. 소금의 맛은 저울로 달 수 없습니다."

"잘 말씀하셨습니다."

29. 감각 작용은 통합된다

"존자님. 다섯 가지 감각기관(눈 · 귀 · 코 · 혀 · 몸)은 각기 다른 여러 가지 행위에 의해 생깁니까? 아니면 한 가지 행위에 의해 생깁니까?"

"대왕님. 한 가지 행위에 의해 생기지 않고 각기 다른 여러 가지 행위에 의해 생깁니다.

"비유를 들어 주십시오."

"어떻게 생각하십니까. 같은 토양의 밭에 다섯 가지 씨앗을 뿌린다면, 여러 가지 씨에서는 각기 다른 여러 가지 열매가 맺어집니까."

"그렇습니다."

"마찬가지로 다섯 가지 영역은 각기 다른 여러 가지 행위에 의해 생깁니다. 한 가지 행위에 의해 생기지 않습니다."

"잘 알겠습니다. 존자님."

30. 행위로써 신분이 결정된다

"존자님. 모든 사람은 어찌하여 똑같지 않습니까. 즉, 어떤 사람은 단명하고, 어떤 사람은 장수하며, 어떤 사람은 잘 앓고, 어떤 사람은 건강하며, 어떤 사람은 밉상이고, 어떤 사람은 미인이며, 어떤 사람은 힘이 약하고, 어떤 사람은 힘이 세며, 어떤 사람은 가난하고, 어떤 사람은 부자며, 어떤 사람은 비천하게 태어나고, 어떤 사람은 고귀하게 태어나며, 어떤 사람은 우둔하고, 어떤 사람은 영리합니까."

"대왕님. 모든 식물은 왜 똑같지 않습니까. 어떤 식물은 신맛이 나고, 어떤 식물은 쓰고, 어떤 식물은 맵고, 어떤 식물은 떫은 맛이 나고, 어떤 식물은 단맛이 납니까."

"존자님. 그것들은 각기 다른 종자로부터 나오기 때문이라고 생각합니다."

"대왕님. 마찬가지로, 사람들은 전생의 행위가 각기 달랐기 때문에 같지 않습니다. 즉, 전생 행위의 결과로 수명의 장단(長短)·빈부(貧富)·귀천(貴賤)·미추(美醜)·현우(賢愚)

·남녀(男女)·승패(勝敗) 등 차이가 있습니다. 대왕님. 세존께서는 이렇게 말씀하셨습니다."

"바라문 학도들아. 생존하는 모든 동물은 제각기 자신이 익혀온 업(業)을 가지고 있다. 그 업을 이어받으며, 그 업을 모태(母胎)로 하며, 그 업에 의존하므로 짓는 업이 중생을 비천하게 하고 존귀하게 하고 차별이 생겨나게 하느니라."

"잘 알겠습니다. 존자님."

31. 해야 할 일을 미리 하면 예우를 받는다

"존자님. 스님들이 출가 수행하는 목적은 괴로움은 사라지고 다시 다른 괴로움이 생기지 않도록 함이라고 말씀하셨습니다."

"그렇습니다. 우리가 출가한 목적은 그 일 때문입니다."

"그렇다면 금생에 출가하여 수행하는 비구 스님들과 부처님 제자 분들은 미리부터 노력했기 때문에 생기는 일입니까? 아니면 때가 왔을 때 노력해서 생기는 일입니까?"

"대왕님. 출가하여 수행하는 스님들이나 재가 불제자분들은 금생이나 전생에 스님이 될 일을 미리 했기 때문에 출가하여 수행을 하고 재가수행을 합니다.

때가 왔을 때 비로소 노력하는 사람은 실제로 해야 할 일을 제 때에 하지 않는 사람입니다. 미리부터 노력하는 사람이라야 해야 할 일을 제 때에 하는 사람입니다."

"비유를 하나 들어 주십시오."

"대왕님. 어떻게 생각하십니까. 대왕님은 목이 말랐을 때 비로소 물이 마시고 싶다고 우물이나 저수지를 파게 하십니까."

"존자님. 그렇지 않습니다."

"대왕님. 마찬가지로 때가 닥쳐야 비로소 노력함은, 진실로 해야 할 일을 제 때에 하지 않는 사람이고, 미리부터 노력하는 사람이 바로 해야 할 일을 제 때에 하는 사람입니다."

"다시 한번 다른 비유를 들어 주십시오."

"어떻게 생각하십니까. 대왕님은 배가 고플 때 비로소 음식이 먹고 싶다고 밭을 갈아 곡식을 심어 가꾸고 거두어들이게 하십니까."

"존자님. 그렇지 않습니다."

"대왕님. 마찬가지로 때가 와서 비로소 노력하는 사람은, 사실은 해야 할 일을 제 때에 하지 않는 사람이고, 때에 앞서서 미리 노력하는 사람은 해야 할 일을 제 때에 제대로 하는 사람입니다."

"또 한 번 더 다른 비유를 들어 주십시오."

"대왕님. 어떻게 생각하십니까. 대왕님은 전쟁이 터

졌을 때 비로소 참호를 파고, 성문을 달고, 망루를 세우고, 보루를 쌓게 하며, 식량을 실어드리게 합니까. 그때 비로소 상술(象術)과 마술(馬術)과 궁술(弓術)과 검술(劍術) 등 전술(戰術)을 익히게 합니까."

"그렇지 않습니다."

"마찬가지로, 때가 닥쳐서 비로소 노력하는 사람은 실제로 해야 할 일을 제때에 제대로 하지 않는 사람입니다. 때가 되기 전에 미리 대비(對備)하는 사람이라야 제때에 제대로 자신이 할 일을 제대로 하는 사람입니다. 대왕님. 이런 일을 세존께서는 아래와 같이 말씀하셨습니다."

자신에게 복덕이 되고 이익이 되는 일은 미리부터 하여라. 심부름꾼과 같은 생각을 하지 마라라. 슬기로운 사람은 깊이 생각하며 미리 매진(邁進:힘써 나아가다.) 하느니라. 심부름꾼이 바른길을 버리고 울퉁불퉁한 지름길로 길을 가다가, 발을 다쳐 낙담(落膽)함과 같이 되지 마라라.

정법을 등지고 잘못된 길을 따라 가다가 사특(邪慝)한 악마의 꼬임에 떨어져 비탄에 잠기지 말아라.

"잘 알겠습니다. 존자님."

32. 업력의 힘

"존자님. 불제자들은 '지옥 불은 자연 불 보다도 훨씬 더 강렬합니다. 자연 불 속에 던져진 조약돌은 하루 동안 태워도 녹지 않지만, 큰 집채만 한 바위도 지옥 불 속에 넣으면 순식간에 녹아 버린다'라고 말합니다. 저는 그 말을 믿지 않습니다. 또 한편 불제자들은 '지옥에 태어난 생명체는 수십 만 년 동안 지옥 불 속에서 타더라도 죽는 경우가 없다'라고 말합니다. 저는 그런 말씀도 믿지 않습니다."

"대왕님. 지옥에 태어나는 생명체는 헤아릴 수 없는 겁(劫) 동안 지옥의 불 속에 있어도 숙세에 지은 업의 제약에 의해 타지 않습니다. 지옥에 있는 생명체는 거기서 태어나 거기 서 성장하고 또 거기서 죽습니다. 대왕님. 그러므로 세존께서는 '그들은 지나온 세상에 지은 악업이 소멸될 때 까지는 지옥에서 죽지 못한다'라고 말씀하셨습니다."

"다시 한가지 비유를 들어 설명해 주십시오."

"대왕님은 어떻게 생각하십니까. 암사자와 암호랑이와 암표범과 암캐와 암고양이는 단단한 뼈나 고기를 먹습니까."

"그렇습니다. 그 동물들은 그런 먹이도 먹습니다."

"그렇다면 그런 먹이도 뱃속에 들어가면 소화되어 버립니까.

"그렇습니다. 소화되어 버립니다."

"그들의 뱃속에 든 새끼도 녹습니까."

"그렇지 않습니다."

"어째서 녹지 않습니까."

"숙업(宿業:전생에 지은 업)의 제약[業力]에 의지해 녹지 않는다고 생각합니다."

"마찬가지로 지옥에 태어난 생명체는 헤아릴 수 없는 겁 동안을 거기에 있어도 숙업의 제약에 의해 타거나 죽지 않습니다."

"또 한 번 더 다른 비유를 들어 주십시오."

"어떻게 생각합니까. 그리스인의 부녀자와 크샤트리아의 부녀자와 바라문의 부녀자와 궁전의 부녀자들은 단단한 과자와 질긴 고기 등을 먹습니까."

"그렇습니다. 그들은 단단한 음식들을 먹습니다."

"단단한 음식들이 뱃속에 들어갔을 때 소화가 되지 않습니까."

"아닙니다. 소화가 됩니다."

"그러면 그들의 뱃속에 든 어린애도 녹습니까."

"그렇지 않습니다."

"왜 녹지 않습니까."

"숙업의 업력 때문에 거기서 녹지 않는다고 생각합니다."

"대왕님. 마찬가지로 지옥에 있는 생명체는 몇 겁 동안 타더라도 숙업의 업력 때문에 끝까지 다 타지 않습니다. 만일 지옥에 태어나면 그들은 거기서 성장하고 거기서 죽습니다. 대왕님. 그래서 세존께서 아래와 같이 말씀하셨습니다."

그들은 악업이 소멸되지 않는 한 죽지 못한다.

"잘 알겠습니다. 존자님."

33. 누구나 이상향에 가는가

"존자님. 모든 사람이 다 이상향(理想鄕:彼岸:涅槃)에 이릅니까."

"대왕님. 누구나 아래와 같이 수행하면 다 이상향에 이릅니다.

부처님의 가르침에 따라, 바른 법을 듣고, 바른 도를 믿고, 바르게 실천하고, 나쁜 생각 하지 않고, 나쁜 마음을 먹지 않고, 나쁜 행동하지 않아야 하고, 선한 생각만 하고 선한 마음만 먹고 선한 행동만 해야 하고, 언제나 자비로써 몸을 삼고, 중생을 구호함으로써 양식을 삼아, 헤아릴 수 없는 겁 동안 복덕을 쌓고 지혜를 기르면 누구나 이상향에 이릅니다."

"잘 알겠습니다. 존자님."

34. 이상향의 경지가 어떻게 즐거운 줄 아는가?

“존자님. 아직 열반의 경지에 이르지 못한 사람이, 열반의 경지가 얼마나 이상적인 상태인가를 압니까.”

“그렇습니다. 알다 뿐입니까.”

“아직 열반에 이르지도 않고 어떻게 열반의 경지가 즐거운 줄 알 수 있습니까.”

“대왕님은 어떻게 생각합니까. 손발이 정상인 사람들이 손발을 잘린 이가 얼마나 불편한가를 압니까.”

“그렇습니다. 존자님, 그런 줄 압니다.”

“대왕님. 손발이 성한 이들이, 손발이 없는 이들의 불편한 점을 어떻게 압니까.”

“손발을 잘린 사람들이 하는 생활을 보고 불편한 줄 압니다.”

“마찬가지로, 아직 열반에 이르지 못한 불제자들도, 열반에 이른 분들이 하는 말씀을 듣거나 하는 생활을 보고 피안이 얼마나 이상적인 세상인 줄 압니다.”

“잘 알겠습니다. 존자님.”

35. 이상향의 분위기

"존자님. 불교의 최고 이상인 이상향의 세계는 나쁜 마음 안 먹고, 나쁜 행위를 하지 않고, 고통이 소멸된 최상의 이상향입니까?"

"그렇습니다. 대왕님."

"피안이 어떤 상태이기에 가장 이상적이고 가장 행복한 상탭니까?"

"대왕님. 어리석은 모든 중생들은 여섯 가지 감각기관으로써, 여섯 가지 감각의 대상을 좋아하며 즐기고, 거기에 애착하여, 결국 감정의 물결에 휩쓸려, 근심과 슬픔과 나고 죽음의 고통을 벗어나지 못합니다.

그러나 대왕님. 슬기로운 불제자들은 여섯 가지 감각기관으로써 여섯 가지 감각대상을 좋아하거나 즐기기도 하지만 집착은 하지는 않습니다. 대상물에 대해 기뻐하지만 애착심을 가지지 아니함으로써, 올바른 불제자들은 애착·환영·기쁨·즐김·사랑·좋아함 등이 그치고, 그러한 어리석음이 그치기 때문에 집착이 소멸되고, 집착이 소멸

됨으로써 생존하는 일반적 양상(樣相:사물의 모양)이 소멸되고, 그렇게 됨으로써 태어남이 없어지고, 태어남이 없어짐으로써 근심·슬픔·쓰라림·절망·늙음·죽음 등이 없어집니다. 따라서 모든 고통의 뭉텅이가 송두리 채로 소멸합니다. 이런 이유로, 피안은 잘못을 그치고, 모든 부정적인 상태가 완전히 소멸된 최고로 행복한 이상향입니다."

"존자님, 잘 알겠습니다."

36. 부처님은 실재하신다

“존자님. 부처님을 뵌 적이 있습니까.”

“아닙니다.”

“그러면 존자님의 스승님께서는 부처님을 뵌 적이 있습니까.”

“아닙니다.”

“그렇다면 부처님은 실제로 계시지 않는 분입니까.”

“대왕님은 히말라야 설산에 있는 우아하 강을 직접 보신 적이 있습니까.”

“아닙니다.”

“아니면 대왕님의 선왕(先王)께서 우아하 강을 보신 적이 있습니까.”

“아닙니다.”

“대왕님. 그렇다면 우아하란 강은 없습니다.”

“존자님. 그 강은 있습니다. 저도 아버님도 우아하 강을 본 적은 없습니다. 그러나 우아하 강은 분명히 실재합니다.”

"마찬가지로, 저도 스승님도 부처님을 뵌 적은 없습니다. 그러나 부처님이란 분은 실재하셨던 분이고, 지금도 실재하시는 분입니다."

"잘 알겠습니다. 존자님."

37. 윤회하는 주체

"존자님. 사람이 죽었을 때, 윤회하는 주체가 이 세상에서 저 세상으로 옮아감도 없이 다시 태어날 수 있습니까."

"대왕님. 그렇습니다. 옮아감이 없이 다시 태어날 수 있습니다."

"어떻게 되기에 그럴 수 있습니까. 비유를 들어 설명해 주십시오."

"대왕님. 어떤 사람이 어떤 등불에서 딴 등에 등불을 붙인다고 합시다. 그런 경우 앞의 등불이 딴 등불로 옮아간다고 할 수 있습니까."

"그렇지 않습니다. 존자님."

"마찬가지로 윤회하는 주체는 한 몸에서 딴 몸으로 옮겨감이 없이 다시 태어납니다."

"다시 다른 비유를 들어 설명해 주십시오."

"대왕님이 어렸을 때, 어떤 스승님에게 배운 시를 기억하십니까."

"예. 그렇습니다. 그때 배운 시를 지금도 외우고 있는 시가 있습니다."

"그러면 그 시는 스승으로부터 대왕님에게 옮겨 왔습니까."

"아닙니다. 그렇지 않습니다. 존자님."

"마찬가지로 윤회하는 주체도 옮겨감이 없이 다시 다음 세상에 태어납니다."

"잘 알겠습니다. 존자님."

38. 영혼(靈魂)은 없다

"존자님. 영혼이 있습니까?"

"대왕님. 영혼이란 대체로 무엇을 두고 하는 말입니까?"

"몸 안에 있는 생명의 원립[個我:영혼]니다. 눈으로써 형상[色]을 보고, 귀로써 소리를 듣고, 코로써 냄새를 맡고, 혀로써 맛을 보고, 몸으로써 촉감을 느끼고, 마음[意識]으로써 사상(事象)을 식별하는 존재를 생명의 원리라고 말합니다.

마치 여기 궁전 안에 앉아 있는 우리가, 사방으로 난 창문을 통하여, 밖을 내다보고 싶은 쪽으로 내다볼 수 있음과 같이, 몸 안에 있는 생명의 원리[영혼]는 내다보고 싶은 어느 문으로든지 내다볼 수 있음과 같습니다."

"대왕님. 다섯 문에 대하여 말씀드리겠습니다. 주의하시며 들어보십시오.

만일, 대왕님이 하신 말씀처럼 몸 안에 있다는 생명의 원리[靈魂]가, 마음대로 창문을 선택하여 눈으로써 형상을 볼 수 있다면, 귀·코·혀·몸·의식도 마음대로 창문을 선택하여, 귀로써 소리를 듣고, 코로써 향기를 맡고, 혀로써 맛을 보고, 몸으로써 촉감을 느끼고, 의식으로써 현상을 식별할 수 있지 않겠습니까?"

"존자님. 그렇지 않습니다."

"그렇다면 대왕님이 앞에서 한 말씀(창문과 감각기관을 비교한 내용)은 앞뒤가 잘 맞지 않습니다. 여기 궁전 안에 앉아 있는 우리가, 창문을 모두 열어 제치고, 얼굴을 밖으로 내밀어, 큰 허공을 본다면, 모든 현상을 보다 더 넓은 데를 더 선명하게 볼 수 있습니다.

마찬가지로, 눈의 문이 제거(除去)될 때, 안에 있는 생명의 원리는 모든 대상을 보다 더 분명하게 볼 수 있지 않겠습니까? 뿐만 아니라 소리를 들음 · 냄새를 맡음 · 맛을 봄 · 촉감을 느낌 · 사상(事象)을 식별함 등의 경우에 있어서도, 그 문들이 제거될 때도 역시 모든 현상을 분명하게 알 수 있지 않겠습니까?"

"존자님. 그렇지 않습니다."

"그렇다면, 대왕님이 앞에서 한 말씀의 내용은 앞뒤가 잘 맞지 않습니다.

대왕님. 여기 딘나라는 사람이 문 밖에 서 있다고 합

시다. 딘나가 문 밖에 나가 있음을 대왕님은 알고 있겠습니까?"

"예. 저는 알고 있습니다."

"이 번에는 딘나가 다시 돌아와 대왕님 앞에 서 있다고 합시다. 대왕님은 딘나가 다시 돌아와 대왕님 앞에 서 있다는 사실을 알겠습니까?"

"그렇습니다. 알고 있습니다."

"대왕님. 마찬가지로 어떤 맛난 음식을 먹을 때, 식별하는 생명의 원리[영혼]는 그 음식이 시다든가 짜다든가 맵다든가 쓰다든가 떫다든가 달다든가 하는 사실을 알겠습니까?"

"알겠습니다."

"그러나 맛난 음식이 위장에 들어갔을 때, 위[胃]와 생명의 원리[영혼]가 맛을 알고 있습니까?"

"그렇지 않습니다."

"대왕님의 말씀은 앞뒤가 맞지 않습니다.

만일 어떤 사람이 입을 털어 막힌 채로 꿀 탱크에 빠졌다면, 그 사람이 꿀맛을 알겠습니까?"

"존자님. 그는 꿀맛을 모릅니다."

"왜 꿀맛을 모릅니까?"

"꿀이 그 사람 입으로 들어가지 않았기 때문입니다."

"대왕님의 말씀은 내용의 앞뒤가 맞지 않습니다."

"존자님. 저는 존자님과 같은 분과는 토론할 수가 없습니다. 그 도리를 상세히 설명하여 주십시오."

존자는 불교의 논리학에 의거하여 결론을 도출(導出)하였다.

"대왕님. 눈과 형상에 의하여 눈의 식별작용이 생기고, 귀와 소리에 의하여 귀의 식별작용이 생기고, 코와 냄새에 의하여 코의 식별작용이 생기고, 혀와 맛에 의하여 혀의 식별작용이 생기고, 몸이 닿음에 의하여 촉감이 생기고, 의식이 현상에 의지해 의식의 식별작용이 생깁니다.

간단하게 말하면 일체현상[森羅萬象]은 반연(攀緣·因緣이 갖추어진 條件)을 따라 생겼다가 반연이 다하면 소멸합니다. 이 이치가 불법의 몸통이고 뿌리고 핵(核)이고 인잡(因子:사물의 구성요소)니다. 따로 영혼이나 정신이나 마음과 같은 존재가 있는 게 아닙니다."

"존자님. 감사합니다. 저는 존자님의 가르침대로라고 믿습니다."

39. 이승과 저승으로 오가는 주재자가 있는가

"존자님. 생명체에 이 몸에서 저 몸으로 옮겨가는 주재자[主宰者영혼·마음·성령 등]가 있습니까."

"아닙니다. 없습니다. 대왕님."

"만일 그렇다면, 자신의 악행으로부터 벗어 날 수 있습니까."

"그렇습니다. 만일 다시 태어나지 않는다면, 악행으로부터 벗어 날 수 있습니다. 그러나 만일 다시 태어난다면, 악행으로부터 벗어 날 수 없습니다."

"비유를 들어 설명해 주십시오."

"대왕님. 어떤 사람이 남의 망고를 훔쳤다고 합시다. 그 사람은 처벌을 받아야 합니까?"

"그렇습니다. 존자님. 처벌을 받아야 합니다."

"그 사람은 남이 심은 망고 과일과 똑같은 망고 과일을 훔치지 않았는데, 그 사람이 왜 처벌을 받아야 합니까."

"그 사람이 훔친 망고는 딴 사람이 심은 망고나무에서

생긴 과실이기 때문입니다."

"대왕님. 마찬가지로 사람은 현재의 명칭이나 형태에 의하여 선행이나 악행을 하고, 그 행위에 의해 다른 명칭이나 다른 형태로 저세상에 다시 태어납니다. 그러므로 악행으로부터 벗어나지 못합니다."

"잘 알겠습니다. 존자님."

40. 업(業)은 어디에 있는가

"존자님. 정신과 육체 즉, 인격적 개체가 지은 선행이나 악행의 업력은 도대체 어디에 있습니까."

"대왕님. 그림자가 형체를 떠나지 않는 사실처럼 업력은 우리가 있다고 하는 인격적 개체에 꼭 따라다닙니다."

"업은 '여기에 있다. 또 저기에 있다'라고 지적 할 수 있습니까."

"그럴 수 없습니다."

"비유를 들어 설명해 주십시오."

"대왕님. 어떻게 생각합니까. 아직 열리지도 않은 과일을 '이 가지에 있다. 또 저 가지에 있다'고 지적 할 수 있습니까."

"존자님. 그럴 수 없습니다."

"대왕님. 마찬가지로 생명체의 연속이 행위의 힘에 의해 끊어지지 않는 한 '그 업이 여기 있다. 또 저기 있다'라고 지적할 수는 없지만 꼭 따라다닙니다."

"잘 알겠습니다. 존자님."

41. 부처님이 계시는 곳은 어딥니까

"존자님. 부처님께서는 지금 실재하십니까?"

"그렇습니다. 부처님께서는 언제나 어디나 실재하십니다. 대왕님."

"존자님. 그렇다면 여기 계신다든가 저기 계신다든가 하며 계시는 곳을 지적 할 수 있습니까."

"대왕님. 부처님께서는 일체 번뇌를 여의시고 완전한 이상향〔涅槃〕의 경지에 이르셔서 완전히 이상향에 드셨습니다. 그런 부처님을 실제로 여기에 계신다든가 저기에 계신다든가 하며 계시는 곳을 확실하게 지적해 말할 수는 없습니다."

"존자님. 비유를 들어 설명해 주십시오."

"대왕님. 어떻게 생각하십니까. 큰불이 타다가 그 불이 꺼졌는데도 불꽃이 '여기 있다. 또 저기 있다'라고 있는 곳을 지적할 수 있습니까?"

"아닙니다. 존자님, 타던 불꽃이 꺼져버리면 불꽃이 있는 곳을 '여기다 저기다'라고 있는 곳을 구체적으로 지적

할 수는 없습니다."

"마찬가지로, 대왕님. 부처님은 번뇌를 끊음과 동시에 완전히 이상향의 경지에 드셨습니다. 이미 이상향에 드신 부처님을 '여기 계신다. 저기 계신다' 하며 계시는 곳을 지적할 수는 없습니다. 마치 은은하게 울리다가 멈춘 새벽이나 저녁 산사(山寺)의 종소리처럼 말입니다.

대왕님. 부처님의 상수제자 샤리푸트라께서 아래와 같은 시를 읊었습니다.

이 세상 무엇과도
비교할 수 없으신 부처님
여러 천신과 사람들에게
비록 공양을 받으셨지만

그러나 어떠한 공양도
어떠한 예배도 받지 않으셨네.
이렇게 공양도 예배도 안 받으시는 게
부처님과 법과 진리의 본바탕[性質]이네.

대왕님. 부처님께서는 비록 이상향에 이르셨으나, 부처님의 가르침을 제대로 수행하는 분이라면, 다음 세상에 다시 사람으로 태어나거나, 하늘에 태어나거나, 아라한이 됩니다. 즉 위의 세 가지 가운데 한 가지는 꼭 성취합니다.

그렇게 되는 원인이 수행하는 본인에게 있지만, 그건 부처님과 아라한 스님들이 이상향에 이르셔서, 우주가 되고, 허공이 되고, 세계가 되고, 삼라만상이 되고, 하늘이 되고, 땅이 되셨기 때문에 스님들과 재가불제자들은 부처님이 언제나 어디나 계시는 줄을 다 압니다.

부처님과 아라한 스님들은 이상향에 이르셨으니, 부처님의 가르침을 믿지 않는 이들에게는, 지금 이 세상의 그 어디에도 부처님과 아라한은 계시지 않습니다.

그러나 불법을 바로 알고 있는 부처님 제자의 입장에서 말하면, 이상향에 이르신 부처님과, 이상향에 이르신 아라한 스님들은, 우주의 어디거나, 허공의 어디거나, 물체 속 어디거나, 그 어디에도 계시지 않는 곳은 없습니다. 이미 이상향에 이르신 부처님과 이상향에 이르신 아라한 스님들은 그 분들 자체가 우주며, 허공이며, 삼라만상이시며, 하늘이며, 땅이기 때문에 '있다' '없다.'라고 말하는 그 자체는, 부처님과 아라한 스님들과 불법을 바르게 이해하지 못함을 스스로 들어냄입니다.

활활 타다가 꺼진 불을 비유로 설명할 수 있습니다.

인연에 의해 이 땅에 오신 부처님과 아라한 스님들은, 인연이 다해 현재에 '여기에 계신다. 저기에 계신다'라고 계시는 곳을 구체적으로 지적할 수는 없지만, 인연이 빠짐없이 갖추어지면, 사그라진 그 불이 다시 지펴져 불이 할 일을 함과 같습니다.

그렇기 때문에 이상향에 이르신 부처님과 아라한 스님들이 비록 이상향에 들어 육신이 없어져, '현재 여기 계신다. 저기 계신다'라고 계시는 곳을 구체적으로 지적할 수는 없습니다. 대왕님. 그러나 인연이 있는 수행자가, 부처님의 가르침대로 수행하면, 그런 수행자는 알맞은 부처님, 알맞은 아라한 스님이 되셔서, 항상 불법을 바르게 믿고 수행하는 불제자들 앞에는 항상 계십니다.

마치 부처님과 아라한들은 불다가 그친 바람과 같으셔서, 조건만 빠짐없이 갖추어지면, 바람이 다시 부는 이치와 같습니다. 조건이 충족되면 여름에는 시원한 에어컨

바람 부처님이, 겨울에는 따뜻한 히터 바람 아라한이, 필요한 온도를 제공합니다. 이 이치는 영원한 진리로, 조건이 갖추어지면, 언제나 알맞은 바람이 일어나 알맞은 온도가 생김과 같습니다.

대왕님. 이상향을 이루신 분들은 우주와 한 몸이며, 허공과 한 몸이며, 삼라만상(森羅萬象)과 한 몸입니다. 불제자들의 시각에는 우주와 허공에서부터 일체(一切) 미물(微物)에 이르기까지 전부가 부처님이고 일체가 아라한이시니, 이 경지에 어찌 '계신다. 계시지 않는다.'라고 분별하는 마음을 내겠습니까? 이런 진실한 이치를 발견하신 분이 부처님이고, 이 진실로써 몸을 삼으신 분들이 아라한 스님들로서, 시간 그 자체고, 공간 자체고, 대지 자체고, 일체 진리고, 일체 하늘이고, 일체 땅이니, '있다' '없다'로 왈가왈부함은 무가치 합니다. 대왕님."

"존자님. 지금에야 부처님의 가르침을 배우는 제자로서, 비로소 몸을 바로 알고, 마음을 바로 알고, 어떤 행위를 해야 되는가를 바로 알았습니다.

심신(心身)이 격동(激動:아주 심하게 흔들다.)되어 마구 떨립니다. 너무 너무 감사합니다."

42. 스님들에게 육신은 상처(傷處)와 같다

"존자님. 출가 한 분에게 육신은 소중합니까."

"아닙니다. 출가한 분은 육신을 소중하게 여기지 않습니다."

"그렇다면, 왜 스님들은 육신을 아끼고 사랑합니까."

"대왕님. 대왕님은 싸움터에 나가 화살을 맞아 본 적이 있습니까."

"그렇습니다. 상처를 입은 적이 있습니다."

"그런 경우 그 상처를 치료하고 약을 바르고 붕대를 감은 적이 있습니까."

"그렇습니다. 그렇게 했습니다."

"그렇다면 그 상처가 소중해서였습니까."

"아닙니다. 상처는 소중한 게 아닙니다. 상처가 빨리 아물게 하기 위해서 그렇게 했을 뿐입니다."

"대왕님. 마찬가지로, 출가한 스님들이나 재가불제자에게 육신은 소중하지 않습니다. 출가한 자는 육신에 집착함이 아니라 청정한 수행을 돕기 위해 육신을 유지할 뿐입니다. 세존께서는 '육신은 상처와 같다'라고 말씀하셨습니다. 따라서 출가한 이는 육신에 집착함이 아니라 육신을 상처처럼 다룹니다.

세존께서는 이렇게 말씀하셨습니다."

육신은 붕대로 감은 아홉 개의 구멍이 있는 큰 상처와 같다. 항시 부정(不淨)하고 악취가 여기저기서 흘러나오느니라.

"잘 알겠나이다. 존자님."

43. 잘못이 있을 때 제정한 규칙이 계율이다

“존자님. 부처님께서는 모든 세상일을 아시고 예견(豫見:미리보다.)하신 분입니까.”

“부처님께서는 모두를 미리 알뿐만 아니라, 모든 현상의 일체 변화들까지 마음만 먹으면 다 미리 아셨습니다.”

“그렇다면 왜 부처님께서는 제자들에게 비구 승단과 재가불자들의 규율을 한꺼번에 제정하지 않으시고 기회가 있을 때마다 마련해 주셨습니까.”

“대왕님. 지구상에 모든 의술과 약을 거의 다 알거나, 유추하여서라도 다 알고 있어야 의사라고 할 수 있을 겁니다.”

“그렇습니다. 아마도 그를 겁니다.”

“대왕님. 의사는 병든 환자에게 알맞은 약을 먹입니까. 병들기 전에 미리 약을 먹입니까.”

“존자님. 병든 뒤에 그 병에 알맞은 약을 먹게 합니다.”

“대왕님. 마찬가지로 부처님은 모두를 다 아시고 모든 일을 미리 아셨던 분입니다. 제자들에 대하여 때가 아닌 때에 익혀야 할 규율을 마련해 주시지는 않고, 생활하는 동안 필요한 일이 생겼을 때, 범해서는 안 될 규율을 제정하셨습니다."

"잘 알겠습니다. 존자님."

44. 부처님의 대인상(大人相)

"존자님. 부처님은 위인이 지니는 서른두 가지 신체상 특징〔삼십이상(三十二相)〕을 갖추시고, 여든 가지 부수적인 특징〔팔십종화(八十種好)〕으로써 빛나시며, 금빛과 같이 피부가 빛나며, 몸 주위에도 약180cm 거리까지 빛이 둘러 퍼져 있었습니까."

"대왕님. 세존께서는 그러하셨습니다."

"그분의 부모님도 그러하셨습니까."

"아닙니다. 그렇지 않으셨습니다."

"그런데 부처님은 부모를 닮아 그렇게 태어나셨다고 해야 합니다. 자녀들은 부모 중의 어느 한쪽과 비슷해야 하지 않습니까?"

"대왕님. 잎이 백 개인 연꽃이 있습니까."

"그렇습니다. 있습니다."

"그 연꽃은 어디서 자랍니까."

"진흙 속에 뿌리를 내리고 진흙물에서 자랍니다."

"그렇다면, 그 연꽃은 색깔이나 향기나 맛이 자라난 연못의 진흙과 닮습니까."

"그렇지 않습니다."

"대왕님. 마찬가지로 부처님의 부모는 위대한 사람이 지니는 서른두 가지 신체상의 특징을 갖추지 않으셨고, 여든 가지 부수적인 특징으로 빛나지도 않으셨으며, 피부가 금빛으로 된 몸도 아니며, 몸 주위에 한길 거리의 빛이 둘러 펴져 있지도 않으셨습니다. 그러나 세존은 대왕님이 한 말씀함과 같이 신체상 여러 가지 특징을 가지셨습니다."

"잘 알겠습니다. 존자님."

45. 부처님께서도 계율을 받으셨습니까?

“존자님. 계율을 빠짐없이 잘 지키면 훌륭합니까.”

“그렇습니다. 사람들을 진실하게 하고 선량하게 하고 사람들을 아름답게 하는 게 계율이기 때문입니다.”

“부처님께서도 원만하게 갖춘 계율을 받으셨습니까. 아니면 받지 않으셨습니까.”

“대왕님. 세존께서는 보리수 아래서 몸소 모든 진리를 깨달은 지혜와 함께 조금도 결함이 없는 계율을 빠짐없이 갖추게 되셨습니다. 그러나 세존이 불제자들에게 생활하는 동안 범해서는 안 될 규율을 마련 해 준 일처럼, 딴 사람으로부터 계율을 받지는 않으셨습니다.”

“잘 알겠습니다. 존자님.”

46. 맛은 느끼나 집착하지 않는다

"존자님. 부딪힘으로 일어나는 탐욕으로 가득 차있는 사람과, 부딪힘으로 일어나는 탐욕을 떨쳐버린 사람 사이에는 어떤 차별이 있습니까."

"한쪽 사람은 이성(異性)에 탐착하여 이성에 압도(壓倒: 꼼짝 못하고 짓눌리다.)되고, 한쪽 사람은 이성에서 벗어나 자유롭습니다."

"그 말씀은 무슨 뜻입니까."

"대왕님. 한 쪽 사람은 이성을 갈구하고, 한 쪽 사람은 이성에 대한 생각 자체가 없습니다."

"존자님. 저는 이렇게 봅니다. 탐욕을 부리는 사람이나 부리지 않은 사람이나 다 같이 굳은 음식이든 부드러운 음식이든 먹기 좋은 음식을 바라고 맛있는 음식을 바라지 않습니까?"

"대왕님. 탐욕을 여의지 않은 사람은 맛에 대한 탐욕과 집착을 가지고 음식과 맛을 즐기는 생활로써 즐거움을 삼지만, <u>탐욕을 여읜 사람은 음식 맛을 감지할 뿐이요,</u>

음식을 즐기거나 탐욕을 부리거나 집착하지는 않습니다."

"잘 알겠습니다. 존자님."

47. 지혜는 있는 데가 없다

"존자님. 지혜는 어디에 깃들어 있습니까."

"대왕님. 아무데도 깃들어 있지 않습니다."

"존자님. 지혜는 없습니까."

"대왕님. 바람은 어디에 머물러 있습니까."

"존자님. 아무데도 머물러 있지 않습니다."

"그렇다면 바람은 없습니까."

"잘 말씀해주셔서 미망(迷妄)의 거물이 걷혔나이다. 존자님."

48. 생사의 연속이 윤회다

"존자님. 존자님께서 말씀하신 윤회란 무엇을 뜻합니까."

"대왕님. 이 세상에 태어난 이는 이 세상에서 죽고, 이 세상에서 죽은 이는 저 세상에 태어나며, 저 세상에서 태어난 이는 저 세상에서 죽고, 저 세상에서 죽은 이는 거기에 나 다시 다른 곳에 태어납니다. 윤회란 바로 이런 뜻입니다."

"비유를 들어 설명해 주십시오."

"어떤 사람이 잘 익은 망고를 먹고 씨를 땅에 심었다고 합시다. 그 씨가 싹이 터고, 자라나 열매를 맺습니다. 또 그 열매를 먹고 씨를 땅에 심으면, 망고나무가 생겨 망고가 열리고, 또 따먹고 씨를 심으면 역시 망고가 열립니다. 이렇게 망고 씨를 심는 한 망고나무의 계속은 끝이 없습니다. 바로 망고 씨를 심는 행위가 계속되는 한 망고나무는 계속 자라서 망고가 열립니다. 윤회도 이와 같습니다."

"잘 알겠습니다. 존자님."

49. 염불은 배(船)

"존자님. 불제자들은 '백 년 동안 악행을 했더라도, 죽을 때 한 번만이라도 부처님을 생각한다[念佛]면, 그 사람은 천상(天上)에 태어 날 수 있다'라고. 말합니다. 저는 그 말을 믿지 않습니다. 또 불제자들은 이렇게 말합니다. '한 번만 살생을 했더라도 지옥에 태어난다'라고, 저는 그런 말도 믿지 않습니다."

"대왕님. 조그마한 자갈이라도 배에 싣지 않고 물 위에 띄울 수 있습니까."

"그럴 수 없습니다."

"대왕님. 몇 대의 수레에 실을 만큼 많은 자갈이라도 배에 싣는다면 물 위에 뜰 수 있겠습니까."

"그렇습니다. 물 위에 뜰 수 있습니다."

"대왕님. 염불(부처님과 가르침을 생각함)은 마치 자갈을 물위에 뜨게 하는 배와 같이 생각하십시오."

"잘 알겠습니다. 배는 바로 부처님의 가르침이란 말씀이시군요. 존자님."

"대왕님. 훌륭하십니다.

50. 수행(修行)은 나를 고쳐 진실하고 행복하게 한다

"존자님. 불제자들은 과거의 괴로움을 버리기 위하여 노력합니까."

"아닙니다."

"그러면 미래의 괴로움을 버리기 위하여 노력합니까."

"그렇지만도 않습니다."

"그러면 현재의 괴로움만을 버리기 위하여 노력합니까."

"그렇지도 않습니다."

"존자님. 만일 불제자들이 과거의 괴로움이나 미래의 괴로움이나 현재의 괴로움을 버리기 위하여 노력함이 아니라면 무엇 때문에 그렇게 힘이 드는 노력[精進]을 합니까."

"대왕님. 우리들은 지금의 괴로움이 사라지고 미래의 괴로움은 생기지 말아 주기를 바라며 정진[努力]합니다."

"존자님. 미래의 괴로움은 있습니까."

"없습니다."

"존자님. 불제자들은 지금 있지도 않은 괴로움을 버리기 위하여 노력하니 지나치게 슬기롭습니다."

"대왕님은 이전에 어떤 적국의 왕과 원수나 대항자로서 맞선 일이 있었습니까."

"있었습니다. 존자님."

"대왕님. 다른 적국의 왕과 겨루기 시작할 때, 그 때가 되어야 비로소 참호를 파고, 보루를 쌓고, 성문을 달고, 망루를 세우고, 양곡을 실어오게 하고 병사들을 모집하셨겠지요."

"아닙니다. 그 일들은 미리미리 준비해 둡니다."

"대왕님은 그때 비로소 코끼리 부대의 전술을 익히고, 마술을 연습하고, 궁술을 수련하게 하셨습니까."

"아닙니다. 그런 전술은 미리부터 익혀 두게 하고 언제나 실전에 대비하도록 훈련을 게을리하지 않습니다."

"어떤 목적 때문에 그렇게 하셨습니까."

"장차 닥칠 위험을 막기 위해섭니다."

"대왕님. 미래의 위험이 지금 존재합니까."

"존재하지 않습니다."

"대왕님은 지금 존재하지도 않는 미래의 위험에 대비

하기 위해 그런 일을 미리 훈련하게 하신다니 지나치게 슬기롭습니다.”

“비유를 들어 설명해 주십시오.”

“대왕님. 어떻게 생각하십니까. 대왕님은 목이 말랐을 때 비로소 물을 마시고 싶다고 우물을 파고 저수지를 만듭니까.”

“존자님, 그렇지 않습니다. 그런 일은 모두 미리부터 준비해 둡니다.”

“무엇 때문에 그렇게 하셨습니까.”

“장차 가뭄[渴水]에 대비하기 위해섭니다.”

“그렇다면, 미래의 가뭄이 지금 존재합니까.”

“그렇지 않습니다.”

“대왕님은 지금 존재하지도 않는 미래의 가뭄에 대비하시다니 지나치게 지혜롭습니다.”

“다시 한 번 더 비유를 들어 설명해 주십시오.”

“대왕님은 어떻게 생각하십니까. 대왕님은 배가 고플 때 비로소 무엇이 먹고 싶다고 하여 밭을 갈고 씨앗을 심게 하십니까.”

“그렇지 않습니다. 그런 일은 미리부터 준비합니다.”

"무엇 때문에 그럽니까."

"미래에 굶주림이 없도록 미리 곡식을 준비합니다."

"그렇다면 미래의 배고픔은 지금 있습니까."

"아닙니다."

"대왕님은 지금 존재하지도 않는 미래의 굶주림에 대비하다니 지나치게 슬기롭습니다."

"잘 알겠습니다. 존자님. 다음 생을 위하여 지금 미리 정진하라는 가르침에 경의를 표합니다."

51. 신통이 이뤄지면 시간과 공간에 구애되지 않는다

"존자님. 범천(梵天:하늘나라 28층 중에 일곱 번째 있는 하늘.)이란 하늘나라는 여기서 얼마나 멀리 떨어져 있습니까."

"여기서 참으로 멉니다. 대궐만큼 큰 바위가 그곳에서 떨어진다면, 하루에 4백 광연(光年:빛의 속도로 1년을 떨어지는 기간을 1광년이라고 한다.)씩 떨어져 넉 달 만에 비로소 땅에 닿는 거리에 있습니다."

"존자님. 불제자들은 이렇게 말합니다. '힘센 사람이 구부린 팔을 펴거나 또는 편 팔을 구부림처럼, 신통력이 있는 분은 자유롭게 움직이되, 눈을 깜짝하기도 전에 이곳에서 살아져 범천에 나타난다.'라고, 하지만 저는 그런 말을 믿지 않습니다. 그와 같이 상상할 수 없을 만큼 빨리 몇 백 광년까지 도달할 수 있습니까?"

"대왕님. 출생지는 어딥니까."

"알라산다라는 섬에서 태어났습니다."

"알라산다는 여기서 얼마나 떨어져 있습니까?"

"약 2.800Km입니다."

"대왕님은 전에 거기에서 어떤 일을 하셨는지 지금 그

일을 상기(想起:지난 일을 다시 생각해 내다.) 할 수 있습니까."

"상기할 수 있습니다."

"대왕님은 2.800Km를 아주 쉽게 가셨다 오셨습니다."

"와아! 잘 알겠습니다. 존자님. 너무너무 감사합니다."

52. 이승과 저승은 거리가 없다

"존자님. 여기(이 세상)서 죽어 범천에 태어나는 사람과 여기서 죽어 인도의 어느 지방에 태어나는 사람과 어느 쪽이 먼저 도착합니까."

"둘 다 동시에 도착합니다."

"비유를 들어 설명해 주십시오."

"대왕님은 어디에서 태어났습니까."

"알라산다에서 태어났습니다."

"알산산다는 여기서 얼마나 멉니까."

"약 2,800Km입니다."

"카슈밀은 여기서 얼마나 멉니까."

"약 168Km입니다."

"대왕님. 알라산다를 생각하십시오."

"생각했습니다."

"자아. 카슈밀을 생각하십시오."

"생각했습니다."

"어느 쪽이 먼저 생각났습니까."

"어떤 쪽이나 같은 시간이었습니다."

"대왕님. 마찬가지로 여기서 죽어 범천에 태어나는 데 걸리는 시간과, 여기서 죽어 캬슈밀에 태어나는 데 걸리는 시간은 같아서, 빠르고 늦음에 차이가 없습니다. 대왕님. 말씀해 보십시오. 두 마리 새가 공중을 날고 있었는데, 한 마리는 높은 나무에 앉고 또 한 마리는 땅에 앉았다고 합시다. 두 마리가 동시에 내려앉았다면 어느 쪽 그림자가 먼저 땅에 비치겠습니까."

"두 마리 새의 그림자가 동시에 땅에 비치겠습니다."

"대왕님이 말씀하신 경우도 꼭 이와 같습니다."

"잘 알겠습니다. 존자님."

53. 선은 불어나고 악은 줄어든다

“존자님. 선행한 과보로써 받는 보상[福德]과, 악행한 과보로써 받는 형벌 중에 어느 쪽이 더 커집니까.”

“공덕 즉, 선행으로써 받는 복덕이 더 커집니다.”

“그 이유를 설명해 주십시오.”

“대왕님. 죄를 짓는 사람은 자기의 악행을 알아차리고 대부분 후회하고 숨기려 합니다. 그러므로 죄과(罪過)는 더 키우지 않으려고 노력합니다. 그러나 복덕[善行]을 짓는 사람은 후회하는 일이 없으며, 자기에게 기쁨이 생기고, 기쁨이 생기면 몸이 편안해지고, 행복감을 느낍니다. 그 사람의 마음은 통일되고 평정되어 사물을 있는 그대로 여실하게 봅니다. 그러므로 복덕을 짓는 일을 더욱 더 증대시키려 합니다.

대왕님. 예를 들면 죄를 짓고 손발을 잘린 사람이라도 한 송이의 연꽃을 부처님께 올린다면 90겁 동안은 지옥에 떨어지지 않습니다. 대왕님. 이런 일 때문에 제가 ‘공덕은 죄과보다 더 크다’고 말합니다.

“잘 알겠습니다. 존자님.”

54. 모르고 짓는 악행은 피해가 더 크다

“존자님. 알면서 악행을 하는 사람과 모르고 악행을 하는 사람 중에 누가 더 큰 피해를 당합니까.”

“대왕님. 모르고 악행을 짓는 사람의 피해가 더 큽니다.”

“존자님. 그렇다면 저의 왕자나 대신들이 모르고 잘못을 범한다면 그에게 지금부터는 더 큰 벌을 내려야 하겠습니다.”

“대왕님. 대왕님은 어떻게 생각하십니까. 이글이글 불에 달궈져 차츰 식던 검은 쇳덩이를 한 사람은 모르고 손을 대고, 한 사람은 알고 손을 댄다면 어느 쪽이 더 심하게 데이겠습니까.”

“모르고 손을 댄 사람이 더 심하게 데입니다.”

“마찬가지로 모르고 악행을 하는 사람이 더 큰 피해를 당합니다.”

“잘 알겠습니다. 존자님.”

55. 초인적인 생리현상(生理現象)

“존자님. 비구들은 들이쉬는 숨과 내쉬는 숨을 짧은 시간 동안은 멈출 수 있다고 합니다.”

“그렇습니다. 멈출 수 있습니다. 그러나 숨을 오래 멈추면 생명이 멈춥니다.”

“어떻게 하면 임시로라도 숨[呼吸]을 멈출 수 있습니까.”

“대왕님. 말씀해 보십시오. 대왕님은 어떤 사람과 함께 자면서 코 고는 소리를 들은 적이 있습니까.”

“있었습니다.”

“그런데 그 소리를 멈추게 하려면 어떻게 해야 합니까.”

“잠자며 코 고는 사람의 몸을 흔들면 코 고는 소리가 잠깐 동안은 멈춥니다.”

“코 고는 소리는 몸과 행위와 마음과 지혜의 수련이 없는 사람도 몸을 흔듦으로써 멈출 수 있는데, 하물며 모든 방면의 수련을 거쳐 높은 경지에 이른 분들이겠습니까.”

“잘 알겠습니다. 존자님.”

56. 바닷물은 왜 짠가?

“존자님. ‘바다’란 말이 있습니다. 어째서 그 물을 ‘바다’라고 부릅니까.”

“대왕님. 물만큼 많은 양의 소금이 있고, 소금만큼 많은 양의 물이 있기 때문에 바다라고 부릅니다.”

“존자님. 왜 바다는 꼭 같이 짠맛만 있습니까.”

“대왕님. 물[水分]은 순환(循環:끊임없이 돌고 돌다.)하지만 소금은 영원히 거기[바다]에 있기 때문에 바다는 꼭 같이 짠맛을 가지고 있습니다.”

“잘 알겠습니다. 존자님.”

57. 영혼과 정신 작용의 구별

"존자님, 식별과 지혜와 생명체의 정신(목숨 즉, 정신적 자아 또는 생각·영혼·성령·마음)등 네 가지는 본질과 말이 각기 다릅니까. 아니면 본질은 같고 말만 다릅니까."

"대왕님. 식별은 분별해 아는 지각(知覺)을 특징으로 하고, 지혜는 이성으로 식별해 아는 지각을 특징으로 하지만, 생명체에 정신 또는 영혼이나 성령이나 마음 등이나 자아라는 건 아예 따로 없습니다."

"존자님. 그러나 만일 마음·성령·정신·영혼 등과 같은 자아라는 게 따로 없다면, 무엇이 눈으로 형상을 보고, 귀로 소리를 듣고, 코로 냄새를 맡고, 혀로 맛을 보고, 몸으로 촉감을 느끼는 건 무엇이 식별합니까."

"대왕님. 만일 정신 또는 영혼·마음 등이 따로 있어서, 보고·듣고·냄새 맡고·맛보고·감촉하고 식별한다면, 눈이 지각을 안 하고 바깥으로 나돌 때, 정신이나 영혼·마음 등은 몸 바깥으로 나가, 더 큰 공간을 통하여 전보다 훨씬 더 똑똑하게 형상을 볼 수 있지 않겠습니까. 또 귀나 코나 혀나 촉감이 바깥으로 나돌 때에도 마찬가지로, 그 전보다 훨씬 더 똑똑하게 소리를 듣고 냄새를 맡고 맛을 알고 감촉을 느낄 수 있지 않겠습니까."

"존자님. 그렇지 않습니다."

"그렇다면 육신 안에 정신 또는 영혼과 마음과 성령과 생각과 같이 느끼는 자아는 따로 있을 수는 없습니다."

"잘 알겠습니다. 존자님."

58. 심리 현상의 분석

"대왕님. 세존께서는 어려운 일을 하셨습니다.

세존께서는 한 가지 감각기관의 대상에 대하여 작용하는 물질적인 현상이 아닌 무엇, 즉, 마음이나 마음의 작용으로 관찰할 수 있는 형태로 나타나는 사물과 현상의 구별을 말씀하셨습니다.

그건 곧 부딪힘이오. 외부의 감각적 작용을 받아들임이오. 심상(心象)이 외적 자극과는 관계없이, 과거의 경험에 기초하여 구체적이고 감각적으로 마음속에 재생되는 모습이오, 하고자 하는 생각이오. 마음이라고 하셨습니다."

"비유를 들어 설명해 주십시오."

"대왕님. 어떤 사람이 배를 타고 바다로 나가 손 주걱으로써 바닷물을 맛본다고 합시다. 그 사람은 이 물은 갠지스의 강물 맛이다. 이 물은 줌나강의 강물 맛이다, 이 물은 아티바티강의 강물 맛이다, 이 물은 사과부강의 강물 맛이다, 이 물은 마히강으로부터 흘러 내려온 강물 맛이라고 구별 할 수 있겠습니까."

"존자님. 구별할 수 없습니다."

"대왕님. 그보다도 더 어려운 내용을 세존께서는 발견하셨습니다. 즉, 한 가지 감각기관의 대상에 대하여 작용하는 물질적이 아닌 무엇 즉, 마음이나 마음의 작용이라는 현상은, 곧 부딪힘이오. 외부의 감각적 작용을 받아들임이오. 외부적 자극과는 관계없이 과거의 경험에 기초하여 구체적이고 감각적으로 마음속에 재생되는 모습이오. 하고자 하는 생각이오. 마음이라고 말씀하셨습니다."

"잘 알겠습니다. 존자님."

59. 이상향은 있나 (1)

"존자님. 이 세상에는 업에 의하여 생기는 대상이 있고, 원인에 의하여 생기는 대상이 있고, 시절에 의하여 생긴 대상이 있습니다. 이 세상에 업에 의해서도, 원인에 의해서도 시절에 의해서도 생기지 않은 대상이 있다면 말씀하여 주십시오."

"대왕님. 이 세상에 업에 의해서도, 원인에 의해서도, 시절에 의해서도 생기지 않는 대상은 두 가지 밖에 없습니다. 즉, 우주(허공)는 업에 의하여 생기지도 않았고, 원인에 의하여 생기지도 않았고, 시절에 의하여 생기지도 않았습니다. 역시, 이상향[彼岸]도 그렇게 업에 의해서도 원인에 의해서도 시절에 의해서도 생기지 않았습니다."

"존자님. 부처님의 말씀을 확실하지 않으면서 어림으로 짐작하고 설명하셔서는 안 됩니다. 확실하지 않으면 대답하지 마십시오."

"대왕님. 제가 무슨 말씀을 했기에 그런 말씀을 하십니까?"

"존자님. 존자님께서는 '허공은 업에 의해서도, 원인에 의해서도, 시절에 의해서도 생기는 대상이 아니다'라고 잘못 말씀하셨습니다. 그런데 세존께서는 수백 가지 방법으로써 제자들에게 피안에 이르는 방법을 말씀하셨습니다. 그런데 존자님께서는 피안[涅槃]은 업에 의해서도 원인에 의의해서도 시절에 의해서도 생기지 않았다고 말씀하십니다."

"대왕님. 세존께서는 제자들에게 피안에 이르는 방법을 수백 가지로 설명하신 내용이 있는 점은 사실입니다. 그러나 세존께서도 피안이 생기는 원인은 말씀하시지 않으셨습니다."

"존자님. 피안에 이르는 원인은 있어도, 피안이 생기는 원인은 없다고 하시니, 저는 지금 의혹(疑惑:의심이 생겨 분별하지 못하다.)에서 더 깊은 암흑 속으로, 깊은 숲에서, 보다 더 깊고 어두운 숲속으로 빠져들고 있습니다.

존자님. 만일 피안에 이르는 원인이 있다면, 피안이 생기는 원인도 예상할 수 있습니다.

존자님. 이를테면 아들에게 아버지가 있음으로써 아버지에게도 아버지가 있을 수 있으며, 제자에게 스승이 있음으로써 스승에게도 스승이 있을 수 있습니다. 식물의 싹에는 씨앗이 있을 수 있으며, 나무나 덩굴은 꼭대기가 있음으로써 중동이 있고, 몸통이 있고, 뿌리가 있듯이, 만일 피안에 이르는 원인이 있다면, 피안이 생기는 원인이 있어야 합니다."

"대왕님. 피안은 생겨나는 대상이 아닙니다. 그러므로 피안은 생겨나는 원인이 없다고 말할 수밖에 없습니다."

"존자님이시여. '피안에 이르는 원인은 있으나, 피안이 생기는 원인이 없다는 점을 비유를 들어 제가 알고 이해할 수 있도록 설명해 주십시오."

"대왕님. 그러시면 경청하십시오.

그 이유를 말씀드리겠습니다. 대왕님. 사람은 타고난 힘으로써, 여기서 히말라야 산 꼭대기까지 잘 갈 수 있습니까."

"예. 길을 알고 때를 잘 알고 체력이 있으면 갈 수 있습니다."

"대왕님. 어디든지 갈 수 있는 사람이 타고난 힘으로써 히말라야 산을 이곳으로 가지고 올 수도 있습니까?"

"존자님. 가지고 오는 일은 절대로 불가능합니다."

"대왕님. 마찬가지로 피안에 이를 수 있는 방법은 얼마든지 말할 수는 있지만, 피안이 생기는 원인은 드러낼 수는 없습니다.

대왕님. 사람은 타고난 힘으로써 배를 타고 육지에서 경치가 빼어난 먼 섬에까지 갈 수 있습니까?"

"예. 능력이 있는 사람은 건너갈 수 있습니다."

"그러면 타고난 힘이 막강(莫强:더 강할 수 없다.)하다고 경치가 좋은 섬을 육지에까지 가져올 수도 있습니까?"

"존자님. 그런 일은 할 수가 없습니다."

"대왕님. 마찬가지로 이상향에 이르는 방법을 설명할 수는 있지만, 피안이 생기는 원인은 드러낼 수는 없습니다. 왜냐하면 피안은 만들어낸 대상이 아니기 때문입니다."

"존자님. 피안은 부처님과 제자들께서 만들어 낸 이상향이 아닙니까?"

"대왕님. 그렇습니다. 피안은 만들어낸 이상향이 아니고, 어떤 대상에 의해서도 만들어지지도 않았습니다.

대왕님. 이상향은 이미 생겼다든가, 아직 생기지 않았다든가, 앞으로 생겨야 한다든가, 또는 과거라든가 현재라든가 미래라든가, 시각으로써 의식한다든가 청각으로써 의식 한다든가, 후각으로써 의식한다든가, 미각으로써 의식한다든가, 촉각으로써 의식한다든가, 심상(心象 또는 心像:감각기관의 자극이 없이, 과거의 경험을 통하여 구체적이고 감각적으로 마음속에 떠오르는 image)으로써 의식한다든가 할 수 없는 마음으로만 그리는 이상향(그림)입니다."

"존자님. 만일 피안이 이미 생긴 이상향도 아니요. 아직 생겨나지 아니한 이상향도 아니요. 응당 생겨나야 할 이상향도 아니요. 과거에 생겨났거나, 현재에 생기고 있거나, 미래에 생겨날 이상향도 아니요. 시각 · 청각 · 후각 · 미각 · 촉각 · 심상에서도 생겨났거나, 생겨나고 있거나, 생겨날 이상향도 아니라면, 일반적인 사상(事象:관찰할 수 있는 형체로 나타나는 사물과 그 현상)까지도 없다는 말이 됩니다. 따라서 피안은 없습니다."

"대왕님. 피안은 있습니다. 이상향은 사상(事象)을 바탕으로 하여 식별할 수밖에 없습니다. 올바르게만 수행하는 부처님의 제자는 깨끗하고 고요하고 특수하게 빼어나고 단정하며 가림이 없고 더렵혀짐이 없는 의식으로써 이상향에 이르러 이상향의 행복을 영원히 누릴 수 있습니다."

"존자님. 피안이란 어떠한 이상향입니까? 비유를 들어

소상히 밝혀주십시오. 이상향에 사상(事象)이 있다는 그 실체가 확실히 밝혀지도록, 여러 가지 비유를 들어 이해시켜 주십시오."

"대왕님. 바람이 있습니까?"

"예. 있습니다."

"대왕님. 그럼 바람을 빛으로 모양으로나 크기로나 작기로나 길이나 짧은 사상(事象)으로써 보여주십시오."

"존자님. 바람을 그렇게 보여드릴 수는 없습니다. 바람은 손으로 잡을 수도 만질 수도 없습니다. 그러나 바람은 꼭 있지 않습니까?"

"대왕님. 바람을 보일 수 없다면 바람은 없습니다."

"존자님. 저는 바람이 있다고 알고 있으며 확신하고 있습니다. 그러나 바람을 붙잡아 보여드릴 수는 없습니다."

"대왕님. 마찬가지로 피안은 있습니다. 그러나 피안은 빛과 모양 등의 사상(事象)으로써 들어내어 보여 줄 수는 없습니다."

"잘 알겠습니다. 존자님. 훌륭한 비유를 들어 어두움을 잘 밝히셔서 미망에서 벗어나면 이상향은 반드시 있음을 알았나이다. 정말로 고맙습니다. 존자님."

60. 이상향은 있나 (2)

“존자님. 업으로써 생긴 피안은 무엇이며, 원인으로써 생긴 피안은 무엇이며, 시절을 따라 생긴 피안은 무엇입니까. 또 그런 피안을 따라 생기지 않는 피안은 무엇입니까?”

“대왕님. 살아서 활동하는 생명체로서, 마음이나 영혼이나 성령이나 정신과 생각하는 작용이 있으면 다 업으로써 생깁니다. 땅과 물과 불[온도]과 바람과 같은 작용이 있으면 다 시절에 의해 생깁니다. 즉, 위와 같은 두 가지는 원인에 의해 생깁니다.

그러나 피안과 허공[우주]은 업이나 시절이나 원인으로써 생긴 존재가 아닙니다.

대왕님. 또 이상향은 업으로써 생긴 존재라든가 원인으로써 생긴 존재라든가 시절에 따라 생긴 존재라든가, 또는 이미 생겼다든가, 아직 생기지 않았다든가, 마땅히 생겨나야 한다든가, 과거라든가 현재라든가 미래라든가, 또는 시각 · 청각 · 후각 · 미각 · 촉각 · 심상으로써 식별할 수 있다고 해서는 안 됩니다. 이상향은 지혜로운 마음으로써 식별할 수 있으며, 올바로 실천하여 깨달은 부처님의 제자라야 청정한 지혜로써 이를 수 있는 데가 바로 피안 즉, 이상향입니다."

"존자님. 최고로 수승하신 스승님인 존자님을 만나 어려운 문제가 만족하게 해결되어, 의혹이 제거되고 지혜가 증장합니다. 너무너무 감사합니다."

61. 진리에 근거해야 이상향에 이른다

"존자님. 존자님과 비구 스님들은 '이상향은 과거에 이미 생긴 이상향도 아니고, 미래에 생길 이상향도 아니고, 현재에 생기는 이상향도 아니다'라고 말씀하셨습니다.

존자님. 올바로 실천하여 이상향에 이르는 사람은 이미 생긴 이상향에 이릅니까? 아니면 생기게 한 다음 이상향에 이릅니까?"

"대왕님. 올바로 실천하여 이상향에 이르는 이는 이미 생긴 이상향에 도착함도 아니요, 생기게 한 다음에 이상향에 도착함도 아닙니다. 그러나 올바로 실천하는 이가 도달하는 이상향은 반드시 있습니다."

"존자님. 이 어려운 문제를 은밀하게 해명해서는 안 됩니다. 모두 다 툭 터놓고 공개적으로 설명해 주십시오. 누구나 의혹(疑惑)을 일으키니, 존자님이 깨달으신 모든 내용을 여기서 확실하게 말씀해 주십시오. 세상 사람들은 여기에 대하여 머뭇거리며 의심하는 마음으로 가득 차 있습니다. 그러한 마음으로써 짓는 허물의 화살을 꺾어 주십시오."

"대왕님. 적정하고 안락하며 정묘(淨妙)한 이상향의 세계는 반드시 있으며, 올바로 실천하는 분은 부처님의 가르침에 따라 모든 의도적으로 만들어 낸 내용(諸行:일체 현상)을 이해하고 지혜로써 이상향의 세계에 도달합니다.

대왕님. 이를테면, 제자가 스승의 가르침에 따라 학문을 터득하듯이, 올바로 실천하는 이는 부처님의 가르침에 따라 이상향에 도달합니다.

그리고 이상향을 어떻게 보아야 하는가 하면, 재난(災難)이 쉬고, 재앙(災殃)이 없고, 두려움이 없고, 안온(安穩)하고 청정(淸靜)하고 안락(安樂)하고 환희(歡喜)로 가득하고 절묘(絶妙)하며 청정(淸淨)하며 청렬(淸冽)하고 행복하다고 보아야 합니다.

대왕님. 이를테면, 어떤 사람이 많이 쌓아 올린 건초더미에 불이 붙은 줄 모르고 거기서 자다가 불기를 느끼고, 힘껏 내달려 안전한 곳에 이르러야 마음을 놓듯이, 부처님의 올바른 가르침을 실천하는 이는 주의력에 의하여 세 가지 열화(熱火:탐욕·성냄·무지)를 벗어나 최상의 안락처인 이상향에 도착합니다.

대왕님. 세 가지의 뜨거운 불은, 언제나 훨훨 타는 불처럼 뜨겁습니다. 부처님의 가르침대로 올바로 실천하는 이는 그 훨훨 타는 불 속에서 무사히 안전하게 행복한 이상향에 도달하는 줄로 알아야 합니다.

대왕님. 또, 어떤 사람이 더러운 흙탕물·시궁창·개펄에 빠져 있다가 힘을 다해 헤치고 나와 깨끗한 곳에서 안락하게 지내듯이, 부처님의 가르침에 따라 주의력을 집중하여 번뇌의 더러움을 벗어나야 최상의 안락인 이상향에 도달합니다.

대왕님. 지금부터 올바르게 실천하는 이가 어떻게 이상향에 도착하는지 알아볼 차롑니다. 대왕님. 올바로 실천하는 이는 모든 가르침에서 '이 세상은 무상하다.' '이 세상의 삶은 괴로움이다.' '이 세상에 '나'라는 실체는 없다.' 이 세상에서는 '이상향만 안락하다'라고 파악해야 합니다. 마음과 몸과 환경의 작용을 그렇게 파악하는 데서, 나고 늙고 병들고 죽는 사실을 확인해도, 거기서 안락이나 환희를 조금도 발견할 수 없습니다. 시작에서 끝까지 거기에 집착할 어떤 이유를 발견할 수 없습니다. 대왕님. 이를테면 어떤 사람이 하루 종일 불에 달구어진 쇠 구슬을

맨손으로써 잡을 만한 데를 찾을 수 없듯이, 모든 형성된 마음과 몸과 환경의 작용을 실상 그대로 파악한 이는 그러한 현재 실상에서, 나고 늙고 병들고 죽음의 실상(實相: 진실한 모습)을 보며, 거기서 안락이나 환희나 행복은 조금도 발견하지 못합니다. 그러므로 그는 거기에 애착하고 집착할 이유를 발견할 수 없습니다.

그때 그의 마음에 불쾌한 생각이 일어나고, 몸에 열이 일어나며, 그는 보호처 · 피난처 · 귀의 처소가 없는 이가 되어 윤회하는 모든 생활을 싫어합니다.

대왕님. 어떤 사람이, 산불이 난 산속에 있다고 생각합시다. 그는 거기에 보호처 · 피난처 · 귀의처가 없으면 불을 무서워합니다. 마찬가지로 집착하여 아무 의지할 곳도 발견하지 못할 때, 그의 마음은 불안한 생각이 일어나고 몸에는 열이 일어나, 그는 보호받을 곳 · 피난할 곳 · 귀의할 곳이 없는 이가 되어 윤회하는 모든 삶을 싫어합니다. 그는 모든 실행하여 이룬 마음과 몸과 환경에서 공포를 느낄 때, 다음과 같은 생각을 일으킵니다. '이 모든 실행하여 이룬 현상의 작용은 타고 또 타며 고통이 많고 고통으로 가득 차 있다. 누구든지 이런 괴로움이 없는 상태에 이른다면, 도착한 곳은 적정하고 절묘하다. 그곳은 모든 실행하여 이룬 현상은 고요히 쉬고, 윤회하는 생존을 실행하되, 이룬 모든 바탕의 원인은 사라지고, 갈애와 집착이 무너지고, 탐욕을 벗어나고 번뇌가 없어진 이상향의 세계다'라고. 이와 같이 생각하여 모든 실행하여 이룬 현상의 작용이 없는 상태가 되면, 그의 마음에 용기와 기쁨과 즐거움이 생기고 만족하여 아래와 같이 확신합니다. '드디어 나는 번뇌를 벗어나 이상향에 이르렀구나!'라고.

대왕님. 또, 어떤 사람이 길을 잘못 들어 낯선 땅을 밟았을 때, 목적지에 바로 가는 길을 찾았다면, 그는 거기서 용기와 기쁨과 즐거움이 생겨 만족하여 말할 겁니다. '나는 바른길을 찾았다'라고. 마찬가지로 모든 실행하여 이룬 일체현상의 작용에서 공포를 발견하고, 그런 작용이 없는 상태에 이른다면, 그의 마음에는 용기와 기쁨과 즐거움이 생기고 만족하여 다음과 같이 말할 겁니다. '나는 모든 고통으로부터 영원히 벗어난 피안에 이르렀다.' 그리고 그는 모든 실행하여 이룬 일체현상의 작용이 없는 상태에 이르는 길을 향해 탐색하고 수련하고 노력합니다. 그러한 목적 밑에 그런 이들은 전념(專念)과 정려(精勵: 열심히 노력하다.)와 희열이 확립되며, 그의 노력을 끊임없이 거기에 쏟아 부을 때 모든 작용을 넘어 작용이 없는 상태에 이릅니다.

대왕님. 이런 현상을 가리켜 다음과 같이 말합니다. '모든 형성된 일체현상은 작용이 없는 상태에 이르며, 올바로 실천한 이는 이상향에 이런다'라고."

"잘 알겠습니다, 위대한 존자님. 존자님의 말씀과 같다고 저는 믿습니다."

62. 사리와 불상에 올리는 공양에는 공덕이 있다

정법대로 실천하면, 다시 사람이 되거나, 하늘에 태어나 천신이 되거나, 아라한이 되는 등 셋 중 한 가지는 반드시 이루게 된다

"존자님. 여쭙기 거북하고, 대답할 수 없는 질문을 해도 되겠습니까?"

"대왕님. 어떤 질문이라도 정답이 없는 내용은 없습니다."

"존자님. 이교도의 지도자들은 이렇게 말합니다.

'만일 부처가 필요한 음식이나 물품을 받는다면, 부처는 완전한 이상향에 들었을 리가 없다. 부처는 아직도 세상에 묶여 있고, 세상 안에 있으며, 아직도 세상의 일을 하고 있다. 그러므로 부처를 위해 음식이나 물품을 주는 일은, 헛된 일이고 결과도 없는 일이다. 또, 만일 부처가 완전히 이상향에 들어, 이 세상을 떠나 이 세상에 있지 않다면, 부처는 음식이나 물품을 받지 않아야 한다. 왜냐하면, 완전한 이상향에 든 부처라면, 어떠한 음식도 물품도 받지 않으며, 어떠한 음식도 물품도 받지 않는 부처에게 필요한 물품이나 음식을 주는 일은, 아무짝에도 쓸데없는 짓이고, 얻을 결과도 없는 일이다'라고.

이 논리도, 진퇴양난(進退兩難:Dialmma)의 논리에 빠질 수 있습니다. 이 논법은 부처님의 정법을 깨치신 분들이라도 해결할 수 없는 문제며, 논리에 빼어나신 분에게 적합한 문젭니다. 부디 이 사견(邪見)의 그물코를 풀어서 결론을 내려 주십시오. 이 어려운 물음을 존자님께 제출하오니, 미래의 불제자들은 물론 저에게 지혜의 눈을 열어, 반대론자들의 논란을 굴복시킬 수 있도록 길을 열어 주십시오."

"대왕님. 부처님께서는 완전한 이상향에 이르셨습니다. 그르므로 부처님께서는 완전히 음식이나 물품을 받으실 수 없사옵니다. 성도하신 보리수 아래서조차 음식이나 물품을 받는 일을 버려 버리셨는데, 남음이 없는 이상향의 세계에서, 완전한 이상향에 드신 부처님께서는 음식이나 물품을 받지 않으심은 당연하시옵니다. 대왕님. 법의 대장 샤리풋다 장로님께서 아래와 같은 시를 읊으셨습니다."

이 세상 무엇과도

비교할 수 없으신 부처님
여러 천신과 사람들에게
비록 무수한 공양을 받으셨지만

그러나 어떠한 공양도
어떠한 예배도 받지 않으셨네.
이렇게 공양도 예배도 안 받으심이
불법에서 보는 사상(事象)과 본바탕[性質]이네.

"존자님. 아들이 아버지를 칭송하거나, 아버지가 아들을 칭찬하는 내용은, 반대론자들을 굴복시키는 근거가 되지 않습니다. 반대로 논란하는 집단들이 스스로를 칭송함은 그들 스스로의 신뢰를 깎아 버리는 내용에 지나지 않습니다. 여기서는 존자님 자신의 입장을 내세워, 사견의 그물코를 풀어헤쳐, 저의 질문에 충분한 해답을 들려주십시오."

"현명하신 대왕님. 부처님께서는 완전한 이상향에 이르셨습니다. 그르므로 부처님께서는 음식도 물품도 받지 않으셨습니다. 그러나 모든 신과 사람들이, 이미 음식이나 물품을 받지 않으시는 부처님의 사리와 불상과 훌륭한 법에 의지해, 바른 수행을 한다면, 죽어서 인간 세상에서 훌륭한 집안에 나거나, 죽어서 하늘 세상에 나거나, 이 세상에서 아라한이 되는 세 가지 일 가운데 한 가지는 꼭 이루어집니다.

대왕님. 커다란 불덩어리가 훨훨 타다가 꺼져간다고 합시다. 그때 꺼지든 불덩어리가 다 타간다고 마른 풀이나 인화 물질을 더 달라고 합니까?"

"존자님. 당장 타고 있을 때도 훨훨 타는 불덩어리는 풀이나 다른 인화 물질을 원하지 않습니다. 의식작용이 없는 불덩어리가 다른 연료를 원할 까닭이 있겠습니까?"

"대왕님. 그렇습니다. 그러나 불을 원하는 사람은, 누구든지 자기의 힘과 노력으로써, 나무를 마찰시켜 불을 일으켜, 불이 필요로 하는 일을 하게 만듭니다.

대왕님. 그렇다면 '음식이나 물품을 받지 않는 부처님께 올리는 음식이나 물품을 삼보에 올리는 일은 쓸데없는 짓이고 결과도 없다.'라는 이교도의 말은 틀린 말입니다. 대왕님. 커다란 불덩어리가 타듯이, 부처님께서도 헤아릴 수 없는 세계에서 광명을 비춰 중생을 제도한 다음, 윤회하지 않는 이상향의 경지에서 완전히 열반에 이르셨습니다. 이미 꺼져버린 불덩어리가 마른 풀이나 인화물질은 필요로 하지 않듯, 세상을 이롭게 하시던 부처님은 음식이나 물품을 받는 일은 없습니다. 대왕님. 불덩어리가 꺼지고 연료가 다해 불이 꺼졌을 때, 사람들은 자기의 노력으로써 나무를 마찰시켜 불이 일어나게 해 불이 필요한 일을 하게 합니다. 마찬가지로, 여러 신과 사람들은 완전히 이상향에 들어, 어떠한 음식이나 물품도 받지 않으시는 부처님의 사리와 지혜의 정화인 법에 의지해, 바른 수행을 할 때, 이 세상에서 지체 높은 사람으로 나거나, 하늘의 신으로 나거나, 아라한이 되는 세 가지 일 가운데, 어느 하나는 반드시 성취하게 됩니다.

그러므로 대왕님, 부처님께서는 완전히 이상향에 드셔서, 이미 어떠한 음식도 어떤 물품도 받지 않으시지만, 부처님께 올리는 공양은 쓸데없는 짓도 아니고 결과가 없지도 않습니다.

대왕님. 아직도 대왕님의 의혹이 걷히지 않으신다면, 불에 대한 비유가 아닌 다른 비유를 더 들어보십시오.

대왕님. 큰바람이 불다가 그쳤다고 합시다, 그쳐 버린

바람이 다시 불려고 합니까?"

"존자님. 이미 그쳐 버린 바람은 다시 불 생각이나 계획을 하지 않습니다. 왜냐하면 바람은 감각작용이나 의식작용이 없기 때문입니다."

"대왕님. 이미 그쳐 버린 바람을 '바람'이라고 불러도 됩니까?"

"존자님. 합당하지 않습니다. 그러나 큰 나뭇잎이나 부채로 부치거나 선풍기를 돌리거나 에어컨을 켜면 바람이 일어나 더위를 완화(緩和:느슨하게 누그러뜨리다.)시킵니다."

"대왕님. 그렇다면 '음식을 받지 않으시는 부처님께 올리는 음식은 쓸데없는 짓이고 효과도 없는 짓이다'라는 이교도의 주장은 잘못입니다.

대왕님. 큰바람이 불듯이, 부처님께서는 헤아릴 수없이 수많은 세계에서 자비가 넘치는 바람을 중생들이 소원하는 방향으로 불게 한 다음, 윤회하지 않도록 모든 천신들과 모든 중생들에게 욕구와 성냄과 어리석음과 교만과 시기질투가 없는 유익한 바람을 소원하는 대로 불게 하시고는, 부처님께서는 완전한 이상향에 드셨고 음식이나 물품을 받는 일도 그만두셨습니다.

그러나. 더위에 시달리는 동물과 사람들이 냉수나 음료수나 부채나 선풍기나 에어컨이나 온풍기의 작동을 빌려 쾌적해지듯이, 이미 이상향에 가신 부처님의 사리와 불상과 지혜와 자비와 광명에 물품을 올려 선량한 뿌리를 심으면, 죽은 뒤 사람으로 다시 나거나, 천신으로 다시 나거나, 지금 세상에 아라한이 되거나 셋 중에 하나가 꼭 이뤄집니다.

그러므로 대왕님, 부처님께서는 완전히 이상향에 드셔서, 이미 어떠한 물품도 받지 않으시지만, 부처님께 물품을 올리는 일은 쓸데없는 짓도 아니고, 결과가 없는 일도 아닙니다."

"존자님. 다른 비유를 더 들어 확실하게 터득하도록 해 주십시오."

"대왕님. 반대론자들을 굴복시킬 수 있는 또 다른 비유를 들어 설명하겠습니다.

어떤 사람이 큰 북을 쳐서 소리를 낸다고 합시다. 그 북을 치는 사람이 치는 행동을 그만두면 북소리는 사라집니다. 아무도 안치는 데 북소리가 납니까?"

"아닙니다. 존자님, 그 북소리는 이미 사라졌습니다. 북소리는 누가 다시 치지 않는 한 다시 나지 않습니다. 북소리는 한 번 나다가 치는 행동이 그치면 이미 완전히 끊어져 버립니다. 그러나 북은 소리를 내기 위한 기굽니다. 그러므로 누구든지 필요로 할 때, 자신의 노력으로써 북을 쳐 소리가 나게 합니다."

"대왕님. 북소리와 같이, 부처님께서는 계율과 마음의 통일과 자비심과 지혜로써, 속박에서 자유로워지셔서 피안의 경지인 이상향에 드셨습니다. 그러나, 부처님께서 완전한 이상향에 드셨을 때도, 불제자들이나 세상 사람들이 사리와 계율을 스승으로 삼고, 부처님의 가르침대로 진리에 뿌리를 내리고 수행하는 이들은, 훌륭한 사람으로서 이 세상에 다시 태어나거나, 천신으로서 하늘 세상에 태어나거나, 온 우주의 주인공인 아라한이 되는 길이 있음을 알려주셨습니다. 만일 삶의 괴로움에 시달리는 우주의 모든 중생들이, 부처님의 사리와 계율 등에 의지해, 세 가지 중 하나를 이루고 싶어 바른 가르침으로써 노력한다면, 누구든지 소원을 이룩할 수 있습니다. 단 그 소원이 부처님의 가르침에 알맞은 긍정적인 내용일 때 말입니다.

대왕님. 북소리의 비유와 같이 부처님께서는 완전히 피

안에 드셔서, 어떤 물품도 받으시지 않지만, 부처님께 올리는 공양이 쓸데없는 노력이 아니기 때문에 결과는 반드시 이뤄집니다.

대왕님. 부처님께서는 미래에 생길 가능성을 미리 아시고, 아래와 같은 말씀을 하셨습니다.

아난다야 너희들은 내가 이상향으로 가버리면 '스승님의 말씀은 이미 끝나고 스승님은 없다.' 라고 생각할는지도 모른다. 그러나 아난다야, 그렇지 않느니라. 내가 너희들에게 보여주고 가르쳐 준 진리와 계율을 내가 열반한 뒤 너희들은 스승으로 삼아야 소기(所期:기대한 바.)**의 목적지에 도달하느니라.**

그러함으로써 부처님께서 완전히 이상향에 드셔서 어떤 물품도 받지 않으시지만, '부처에게 물품을 올리는 일은 쓸데없는 짓이며 효과도 없는 짓이다'라는 이교도의 논란은 자신의 무지를 만천하에 공포한 큰 범죄자의 생각이며, 큰 죄악을 불러온 말이니, 데바닷다가 받는 1억겁의 고통보다, 10억겁이 더 넘는 고통을 받게 되는 말이 됩니다.

대왕님. 다른 비유를 한 가지 더 들으십시오. 대왕님. 이 땅이 '일체 씨앗아, 내 토양 속에 뿌리를 내리고 성장하기를 바란다'라고 말합니까?"

"존자님. 그렇지 않습니다."

"대왕님. 그렇다면 어찌하여 씨앗은 바라지 않는 대지에 뿌리를 박고 줄기와 가지를 뻗고 꽃을 피우고 열매를 맺습니까?"

"존자님. 대지는 바라지 않지만, 종자는 생장하기 위한 발판이 되는 대지에 뿌리를 강하게 뻗고 둥치와 가지를 키워 꽃과 열매를 맺습니다."

"대왕님. 그렇다면 이교도가 '만일 어떤 물품도 받지않는 부처에게 주는 물품은 쓸데없고 효과도 없는 짓이다'라고 말한다면, 그들은 그들의 학설에 의하여 괴멸되고 격파되어 패배합니다.

대왕님. 여래께서는 마치 넓은 대지와 같으십니다. 대지가 아무 대가(代價)도 바라지 않듯이, 여래께서는 아무 시물(施物)도 받지 않으셨습니다. 대왕님. 종자가 대지를 의지해 성장하고 결실을 맺듯이, 여래께서는 완전한 이상향에 드셔서, 어떠한 물품도 받지 않으시지만, 이 세상의 모든 천신과 사람들은 여래의 진실하고 성스러운 사리와 지혜로운 법에 의지해 선량한 뿌리를 내리고, 마음을 통일하는 줄기와 진실한 가르침인 뼈대와, 계행인 가지를 뻗으며, 속박에서 벗어난 꽃을 피우고 불자들의 깨침인 열매를 맺습니다. 대왕님. 그렇기 때문에 여래께서는 완전한 이상향에 드셔서 어떠한 물품도 받지 않으시지만, 여래께 올리는 공양을 쓸데없는 짓이 아니고 훌륭한 결과를 가져옵니다."

"존자님. 너무나 감격하옵니다. 정말 존자님이 아니시면 누가 이와 같이 소상하게 밝힐 수 있었겠나이까? 감읍(感泣:감격하여 흐느끼다.)하옵니다."

63. 만족한 물음 만족한 대답

“대왕님. 지금 몇 시인지 아십니까.”

“알고 있습니다. 지금은 초저녁이 지나고 밤중으로 접어들었습니다. 등불용 횃불이 켜져 있습니다. 네 개의 깃발이 세워졌고, 공양물이 존자님을 위하여 창고로부터 운반되고 있습니다.”

그리스 사람들이 왕에게 이렇게 말했다.

“대왕님. 나가세나 존자님은 참으로 지혜로운 분입니다.”

“정말 그렇다. 존자님은 참으로 지혜로우시고 자비하신 분이다. 이 분과 같은 스승이 계시고, 나와 같은 제자가 있으니, 현자들이 진리를 깨치는 데 많은 시간이 걸리지 않을 거다.”

존자의 대답에 만족한 왕은 장로에게 십만 금 값어치가 되는 모직 옷을 선사하고, 이렇게 말했다.

“존자님. 내일(나흘째)부터 108일 동안 저는 스승님께 공양을 올리겠습니다. 이 나라 안에 스승님께서 필요한 물품이라면 무엇이든지 올리도록 하겠나이다."

"대왕님. 그만두시지요. 저는 지금 생활에 아무런 지장이 없습니다."

"스승님께서 저의 도움이 없으셔도 생활하실 수 있음을 저도 잘 알고 있습니다. 그러나 스승님. 스승님 자신을 보호하시고, 또 저를 보호해 주십시오. 즉, '나가세나 존자는 밀린다왕에게 청정한 신앙심을 불러일으켜 주셨지만, 대왕께서는 아무 선물도 하지 아니하셨다'라고 하는 세상의 평판이 빗발치게 하시겠습니까? 그러하오니 제가 올리는 공양을 받으심으로써 저를 보호해 주십시오."

"그렇다면 그렇게 하시지요."

"존자님. 사자(獅子)는 우리에 갇혀 있어도 얼굴은 바깥으로 향합니다. 마찬가지로, 저는 세속 생활을 하더라도 출가하려는 생각을 가지고 얼굴을 불법으로 향하겠습니다. 그러나 제가 궁궐을 버리고 출가하더라도 출가 생활을 오래 하지는 못합니다. 왜냐하면 제가 오래 출가 생활을 하면 적들이 함부로 날뛰기 때문입니다."

그때 존자는 대왕과의 문답을 마치고 자리에서 일어나 승방으로 돌아갔다.

존자가 돌아간 뒤 얼마 안 되어 왕은 '나는 무엇을 물었던가. 존자는 무엇을 대답했던가'라고 생각했다.
왕은 '나는 모든 의문점을 똑바로 질문 했고, 존자는 모든 질문에 정확하게 대답했다'라고 결론지었다.

토론에서 절로 돌아온 존자는 밤을 지내고 다음 날 아침 옷을 입고 바리와 가사를 들고 왕의 궁전으로 갔다.
자리에 앉자 왕은 나가세나존자에게 인사드리고 한 편에 앉았다. 그리고 왕은 존자에게 이렇게 말했다.

"존자님. 존자님께서는 이렇게 생각하지는 마십시오. 즉 '대왕은 나에게 질문을 했다는 즐거움 때문에 잠을 이루지 못했다'라고. 존자님, 사실 저는 밤이 다 새도록 생각에 잠겼습니다. 다시 말하면 '나는 무엇을 질문 했는가. 존자님께서는 무엇을 바르게 대답하셨는가'라고. 또 '나는 모든 의문을 똑바로 질문 했고, 존자께서는 모든 물음에 바르고 정확하게 대답하셨다'라고 생각했습니다."

존자도 이렇게 말했다.

"대왕님. 아무쪼록 이렇게 생각하지 마십시오. 즉 '나는 왕의 질문에 대답했다는 즐거움 때문에 뜬 눈으로 밤을 새웠다'라고. 대왕님. 저는 밤새도록 생각에 잠겨 있었습니다. 즉 '왕은 무슨 질문을 했던가. 나는 무슨 해답을 말했었든가'라고. 또 '왕은 모든 의문점을 똑바로 질문하고 나는 모든 질의에 바르게 대답했다'라고"

이렇게 두 분은 서로 올바르게 토론한 점을 만족하게 생각했다.

문답경 발췌본 끝.

※ 밀린다팡하 어려운 말 (ㄱㄴㄷ순) ※

ㄱ

가사(袈裟):스님들이 입는 세 가지 법의

간지스:지금의 갠지스 강 이름

감로수(甘露水):부처님의 가르침을 서정적 표현한 말

계수(稽首):머리를 조아리다

계율(戒律):부처님 제자들이 신분에 따라 지켜야 규칙이다.

계행(戒行):계를 받고 조목을 따라 실행하다.

고기송(孤起頌):시로 말씀하신 가르침

공성(空性):진여의 다른 이름.

일체현상의 실상이다. 마음과 물체가 번갯불처럼 빠른 순간에라도 발견해 보아야 하는 기본진리

공양(供養):생활에 필요한 물품을 삼보나 사람들에게 공궤하여 자양을 돕게 한다.

과보(果報):행동을 한 결과의 갚음을 받음.

과위(果位):수행에 의해 깨닫는 결과를 얻은 지위

구부경전(九部經典):수다라 · 기야 · 가타 · 니타나 · 이제목다가 · 사다가 · 아부달마 · 아바타나 · 우파제사

권화(勸化):부처님과 보살님들이 정신이나 물질로써 중생을 구원하기 위해 이 세상에 태어나 교화함을 나타내는 말이다.

ㄴ

나가세나:Nagasena의 가차. 스님이름. 한문 불경의 나선(那先) 비구 스님이다.

네 가지 과위(果位):수다원 · 사다함 · 아나함 · 아라한을 말한다.

네 가지 뜻한 대로 이뤄지는 선정(四神足):

① 마음만 먹으면 빛에 관계없이 다 꿰뚫어 본다.

② 마음만 먹으면 아무리 작은 소리라도 다 듣는다.

③ 마음만 먹으면 다른 이가 먹은 마음을 안다.

④ 마음만 먹으면 어떤 악조건이라도 가고 싶은 데까지, 눈을 깜박하는 순간에 간다.

네 가지 바른 노력(四正勤):선법을 더욱 자라게 하고, 악법을 멀리 여의려고 부지런히 노력하는 법

① 이미 생긴 악을 없애려고 부지런히 노력하는 법

② 아직 생기지 않은 악은 미리 방지하려고 노력한다.

③ 이미 생긴 선을 더욱 더 자라게 하려고 노력한다.

④ 아직 생기지 아니한 선은 생기도록 생기도록 부지런히 노력한다.

네 가지 선정(四禪):색계의 네 하늘(1층~18층)에서 수행하는 선정

① 첫 선정 - 1층에서부터 3층에서 수행하는 선정

② 둘째 선정 - 4층에서부터 6층에서 수행하는 선정

③ 셋째 선정 - 7층에서부터 9층에서 수행하는 선정

④ 넷째 선정 - 10층에서부터 18에서 수행하는 선정

네 가지 전념의 확립(四念處):① 이 몸이 깨끗한 존재가 아니라고 관찰하여 알다.

② 마음속으로 즐겁다는 이성간의 사랑과 자녀와 재물은 참 즐거움의 대상이 아니고, 모두 고통의 뿌리라고 생각한다.

③ 인간의 마음은 언제나 변화하고 생멸하니 무상하다고 생각한다.

④ 위의 셋을 제외하고, 다른 일체에 대하여 진실로 자아인 실체가 없으며, 또 나에게 속하는 모든 물건을 나의 소유물이라고 하는 데 대해서도, 모두 일정한 소유자가 없다고 하는 관찰법이다.

네 가지 진리(四聖諦):① 이 세상의 현실은 괴로움이다.

② 괴로움의 근거는 애욕과 하는 짓이다.

③ 현상이 소멸하면 이상향이다.
④ 이상향에 이르는 여덟 가지 길이 있다.

네 단계의 선정(四禪定):색계에 태어난 수행인이 익히는 선정
① 찾음이 있고 살핌이 있는 선정
② 찾음은 없고 살피기만 하는 선정
③ 찾음도 없고 살핌도 없는 선정
④ 생각하는 현상과 일을 버린 선정

노하나:나가세나를 출가시켜 스님이 되도록 이끌어 준 아라한 스님 이름

ㄷ

다문(多聞):많이 듣다. 문자가 대중화하기 전에는 지식전달의 전부였다.

다섯 가지 식별의 근거(四根):바깥의 경계를 상대하는 눈・귀・코・혀・몸을 말한다. 의식까지를 육근이라 하고 앞의 다섯을 오근이라 한다. 앞 오근은 보기만 하고 듣기만 하고 맡기만 하고 맛만 보고 닫기만 한다. 식별은 의식한다.

다섯 가지 장애(五障):① 남을 속이다. ② 게으르다. ③ 성내다.
④ 뉘우칠 행동을 하다. ⑤ 남을 미워하다.

담마라카다:나가세나 스님에게 삼장을 가르친 스님인 듯하다.

대중공사(大衆公事) : 대중들이 공적인 일을 하기 위해 상의하는 일

뎃사 : 부처님의 제자 이름

도리천(忉利天):두 번째 하늘 이름

두타(頭陀):스님들의 수행법 가운데 하나

ㄹ

랏기다다라:히말라야 어떤 산록의 이름

ㅁ

마니주(摩尼珠):보배구슬. 흐린 물에 넣으면 물이 맑아진다는 구슬

마하세나:나가세나 스님이 하늘 사람일 때 이름

메란드로스:밀린다왕의 그리스어 이름

멸진정(滅盡定):무심삼매의 다른 명칭

목갈라야나:부처님의 상수제자 중 두 번째 제자이름. 목련존자

무간지옥(無間地獄):벌을 받는 시간이 멈춤이 없다는 지옥

무문자설(無問自說):불경은 대개 제자가 묻고 부처님께서 대답하신 내용이다.
무문자설은 묻는 제자가 없어도 스스로 하신 경전을 말한다.
대표적인 경전이 아미타경이다.

무심삼매(無心三昧):분별함이 없이 정신을 통일하여 시간과 공간을 초월하는 상태. 멸진정이다.

무애지(無碍智):걸림이 없는 지혜

미망(迷妄):사리에 어두워 갈피를 잡지 못하고 헤매다.

미증유(未曾有):'지금까지는 없었다.'는 뜻의 말
삼법인 · 사제법 · 팔정도 · 십이연기는 부처님께서 처음 설파하신 만고불변이 영원한 진리다.

밀린다왕:2400여 년 전후에 인도의 서북을 점령하여 다스린 그리스 왕의 인도식 이름

ㅂ

바라문(婆羅門):인도에서 하늘에 태어나기 위해 출가하여 수행하던 이를 불렀던 말이다. 그들이 환속하여 세속생활을 해도 바라문

이라 했다. 고대 인도에는 네 가지 계급이 있었다.
그중에 첫째 계급을 바라문이라 했고, 제사를 관장했으며, 범천의 후예라고 했다.

발원(發願):소원하는 마음을 내다.

방등(方等):대승 경전을 말한다.

법랍(法臘):스님이 된 햇수

법안(法眼):불법을 바르게 보는 눈

베다:인도의 바라문들이 익히는 사특한 글

보리(菩提):자신이 소유한 모든 소유물을 어떤 조건도 없이 필요로 하는 이에게 주는 행동이다.

포시당(布施堂):보시를 권장하던 이들이 모여 활동했던 건물이름

본생(本生) 본생담의 준말. 본생경을 말한다.

부사의(不思議):부처님의 가르침은 사려와 논의가 닫지 않는다는 뜻이다.

불도를 깨닫는 데 필요한 일곱 가지 방법(七覺支)

① 지혜로써 모든 법(현상)을 살펴서, 선한 부분은 선택하고 나쁜 부분은 버린다.

② 여러 가지의 수행을 할 때, 불필요한 고행은 버리고, 바른 도에 전력하여 게으르지 않는다.

③ 참된 법을 터득하고 기뻐한다.

④ 그릇된 견해나 번뇌를 끊어버릴 때, 참됨과 거짓됨을 알아 올바른 선행을 늘려간다.

⑤ 바깥 경계에 집착하던 마음을 여읠적에 거짓과 참됨을 추억하

는 마음을 버린다.

⑥ 선정에 들어서 번뇌와 망상을 버린다.

⑦ 수행하면서 선정과 지혜를 균등하게 익힌다.

비구(比丘):부처님의 출가 제자로서 250가지 계율을 받아 지키는 스님

비구니(比丘尼):여자로서 출가하여 만 20세가 되어 348가지 계율을 받아 지키는 스님을 말한다.

비사문천(毘沙門天):하늘에서 제일 거부인 천왕 이름

ㅅ

사가라:인도의 지명

사미(沙彌):부처님의 출가 제자로서 20세 이전 사나이로 10가지 계율을 받고 수행을 하다가 250가지 계율을 받으면 비구라 한다.

삼장(三藏):부처님의 가르침을 세 가지로 분류한 말

① 깨달은 내용을 말씀하신 가르침을 경장이라 한다.

② 부처님 제자들이 위치에 따라 지켜야 하는 가르침을 율장이라 한다.

③ 경장과 율장에 대하여 해설을 붙인 논서를 논장이라 한다.

삽삼천(卅三川):불교에서 세계를 첫째 욕심이 있는 이들이 사는 세계를 욕계라 하고, 둘째 정신과 물질만 있는 하늘을 색계라 하고, 셋째 정신만 있는 세계를 무색계라 한다.

욕계는 인간이 사는 이 세상과 하늘 사람이 사는 하늘 6층이 있다. 삽삼천은 6층 중에 둘째 하늘을 평면으로 보면 중앙에 선견성이 있고, 사방에 8성씩이 있다. 도합 삽삼성인데 하늘에 있다고

삽삼천으로 일컫는다.
샤카무니:Sakyamune의 인도어 원어. 중국에서 한자로 석가모니(釋迦牟尼)로 가차하였다.
서원(誓願):맹세하다. 굳세게 소원하는 마음을 내다.
성류(聖流):성인의 흐름에 이르러 같이 흐르다.
성자류(聖子類):수다원부터는 성인이라고 한다
성인의 위치:수다원이 된 경지
성전(聖典):베다를 인도인들이 성전이라 한다.
세 가지 보배(三寶):부처님과 법과 스님들을 말한다.
소눗타다:나가세나 아버지 이름
수계사(授戒師):계율을 받을 때, 계율을 가르쳐 주는 분
수기(授記):높은 수행을 한 제자의 미래에 대해 하시는 예언
수하다:입다.
스님:부처님의 가르침을 따라 수행하여 부처님이 되려고 하는 이들
승가(僧家):스님이란 뜻. '가'는 화가, 소설가 할 때 쓴 '가'와 같은 접미사...
승단(僧團):스님들의 집단
승방(僧房):스님들이 거처하는 방

ㅇ

아라한(阿羅漢):부처님 제자로 나고 죽음의 경지를 벗어난 분들이다.
아비담마론:논리학적인 불교의 서적
알라카만다:비사문 청왕의 수도 이름
앗사구타:2400년 전에 불교 교단의 리더 아라한 스님의 이름

여덟 가지 올바른 길(八正道):① 네 가지 진리를 바로 앎이다.

② 바른 길을 생각함이다. ③ 거짓말을 안 함이다.

④ 올바른 행동을 암이다. ⑤ 올바른 생활을 암이다.

⑦ 바른 의식을 가짐이다. ⑧ 바른 지혜를 가짐이다.

업고(業苦):지금까지 해온 일 중에 괴로움이 되는 일의 갚음을 받는 고통

여덟 가지 선정(八等至):색계의 네 선정

① 초선정 ② 이선정 ③ 삼선정 ④ 사선정

무색계의 네가지 선정

① 공함이 끝이 없다는 이치를 아는 이들이 처하는 하늘에 수행하는 선정(空無邊處定)

② 인식함이 끝이 없다는 이치를 아는 이들이 처하는 하늘에서 수행하는 선정(識無邊處定)

③ 소유할 게 없다는 이치를 아는 이들이 처하는 하늘에서 수행하는 선정(無所有處定)

④ 생각을 하지도 않고 생각을 하지 않지도 않는 이치를 아는 이들이 처하는 하늘에서 수행하는 선정(非想非非想處定)

여덟 가지 해탈(八解脫):생사를 벗어나기 위하여 닦는 선정

① 마음으로 여자를 탐하면 손상된 여자의 몸이나 시체가 퍼렇게 멍든 것을 관하여 여자를 좋아하는 마음이 일어나지 않게 함

② 위 ①의 수행을 더 깊게 하여, 여자를 탐하는 마음이 다시 일어나지 않게 함

③ 이성을 생각하는 마음을 여의고, 스스로 깨끗함을 구족하는 삼매에 듦

④ 물질인 육신을 싫어하고 가없는 허공의 자재함을 기뻐하며, 공의 이치를 알고 수행함

⑤ 공이 무변함을 싫어하고 식(識)과 상응하며 마음이 고정되어 움직이지 않는 정신상태

⑥ 식이 세 세상에 걸쳐 끝이 없는 것을 싫어하고, 인연하는 것이 모두 가지고 있을 것이 없다고 관하는 삼매에 듦

⑦ 이 경지에서는 거친 생각이 없으므로 비상(非想) 또는 비유상(非有想)이지만 세밀한 생각이 없지 않기 때문에 비비상(非非想) 또는 비무상(非無想)이라는 삼매

⑧ 멸진정(滅盡定)에 들어 수(受)와 상(想) 등을 싫어하여 무심(無心)에 머물러 해탈을 하려는 삼매에 듦

여시어(如是語):십이부경전의 하나. 본사경의 다른 이름
온갖 사물이 있는 그대로 모습을 본다는 말

열반(涅槃):불교의 최고 이상적인 경지. 부처님은 열반을 증득하셨다고 한다.

예류과(豫流果):수다원이 되기 위해 수행을 하는 위치에 있는 이
모든 수행에 미리 하는 과정의 위치

오미(五味):신맛·쓴맛·짠맛·매운맛·단맛

오부(五部):부처님이 열반하신 100 후에 생긴 다섯 교파

오역죄(五逆罪):소승의 경우라도 지어서는 안 되는 다섯 가지 죄
① 아버지를 죽임 ② 어머니를 죽임 ③ 아라한을 죽임
④ 스님들 사이를 갈라놓음 ⑤ 부처님 몸에 피를 냄
대승의 경우

① 탑과 절을 파괴하거나 경전과 성인의 상을 불태움

② 출세간법을 비방하고 가르침을 하찮게 여김

③ 삼보의 재물을 훔침

④ 소승의 오역죄를 범함

⑤ 인과를 부인하고, 열 가지 나쁜 짓을 함

이 오역죄를 범하면 영구적으로 지옥을 벗어날 수가 없다.

오온(五蘊):다섯 가지가 무더기로 된 몸을 뜻하는 말이다.

① 눈으로 볼 수 있는 물체　② 마음속으로 달게 받음

③ 마음속에 재생되는 이미지　④ 의식을 가지고 만들어 감

⑤ 알고 분별함 등을 일컫는 말

울타라쿠루:한자 불경에 북구로주로 표기된 나라 이름

준 이상적인 곳이다.

유간다라:히말라야의 연봉중에 앗사굿다 대중이 살던 산 이름

유정(有情):감정을 소유하고 있는 동물

윤회(輪回):업에 따라 이 세상을 돌고 돈다는 뜻

이상향(理想鄕):부처님께서 이르신 경지를 열반이라 하고, 한자어로 번역하여 '피안', '이상향'이라 한다.

일체의 부정적인 영역을 완전히 여의었기 때문에 완벽한 세계를 일컫는다.

일곱 가지 깨달음에 필요한 요건(七覺支):① 지혜로 모든 법을 살펴서 선악과 진위를 분별하여 선택한다.

② 바른 도에 게으르지 않고 전력을 다해 수행한다.

③ 꼭 맞는 도를 얻어서 기뻐한다.

④ 사견이나 번뇌를 끊고 선근을 생기고 증장케 하다.

⑤ 앞 ①~④를 이룰 때에 부정적인 모두를 기억에서 버려 버린다.

⑥ 선정에 들어서 번뇌와 망상을 조금도 일으키지 않는다.

⑦ 선정과 지혜가 한결같게 한다. ①~③은 마음을 다잡고, ④~⑥은 들뜸이 없도록 한다.

ㅈ

장로(長老):부처님의 제자로서 발생해 수다원이 되고 계율을 잘지키며 제대로 수행을 하는 승속의 불자를 일컫는 말

전륜왕성(轉輪聖王):인도인들이 가장 이상적인 임금으로 생각하는 임금. 실재할 수 없는 성왕을 상상으로 그려놓고 이미지화한 임금이다.

제석천(帝釋天):부처님 이후에 법맥을 이를 만한 도력이 있는 스님들을 일컫는 말. 존자-도력이 높은 분. 부처님의 제자로서 법을 펼 수 있는 법력을 지닌 분을 한자로 표현한 말

종송(鍾頌):부처님께서 설법을 하시다가 그 내용을 강조하기 위해 시로 읊는 시

ㅊ

천계(天界):하늘 세계

천신(天神):하늘 사람

축복(祝福):복이 되도록 빌다. 축원문과 같다.

출가(出家):집을 나도다. 대개 집을 떠나 스님이 되는 일을 말한다.

출세간(出世間):갖추어 출세간법이라 한다. 부처님께서 가르치신 법에 하늘에 나는 법과 보시하여 복을 받는 법은 세간법이라고 하

고, 하늘에 나더라도 불도를 성취하려고 하늘에 나고, 보시를 하더라도 부처님이 되기 위해 보시를 하면 출세간법이라 한다.

목적이 부처님이 되는 데 두고 보시하면 출세간을 위한 보시다.

그러나 현재 세상이나 미래 세상에 복을 받기 위한 보시라면 세간법이다.

ㅋ

카샤파(Kasaypa):부처님 이름.

서가모니 부처님 보다 앞에 이 세상에 오셨던 부처님 명호

카시:지명

코돔바라:지명

ㅍ

탁발(托鉢):비구 스님들이 바리를 들고 집집마다 들러 필요한 만큼 밥을 비는 수행

품(品):같은 종류의 내용을 모아 한 단원을 이룬 글

ㅎ

화상(和尙):스님들의 인도식 발음

원제 KARMA & NIRVANA
업과 이상향경

원제 Milindapañhã
문답경(問答經) (합본)

중 역 몽산(蒙山) 관일(觀一)

발행처 법 보 원
서울시 도봉구 창동 825번지
TEL 02)2272-0252, 2275-4391
FAX 02)2272-0251